*Schemel, Erholung im Nahbereich städtischer Verdichtung*

Die Schriften des Deutschen Instituts für Urbanistik sind aus der Schriftenreihe des Vereins für Kommunalwissenschaften e. V. Berlin hervorgegangen.

Das Deutsche Institut für Urbanistik hat seinen Sitz im Ernst-Reuter-Haus, Berlin 12 (Charlottenburg), Straße des 17. Juni 112.

SCHRIFTEN
DES DEUTSCHEN INSTITUTS FÜR URBANISTIK

Band 49

# Erholung im Nahbereich städtischer Verdichtung

von

Hans-Joachim Schemel

VERLAG W. KOHLHAMMER
STUTTGART BERLIN KÖLN MAINZ

Alle Rechte vorbehalten. © 1974 Verlag W. Kohlhammer GmbH, Stuttgart Berlin Köln Mainz. Verlagsort: Stuttgart. Umschlaggestaltung: Christian Ahlers. Gesamtherstellung: W. Kohlhammer GmbH, Grafischer Großbetrieb, Stuttgart. Printed in Germany. ISBN 3-17-002202-4

## Inhalt

| | | |
|---|---|---|
| | Einführung | S. IX |
| | Allgemeiner Teil | |
| 1. | Die Entwicklung von der Industrie- zur Funktionsgesellschaft im Hinblick auf die Siedlungsstruktur | S. 1 |
| 1.1. | Die Industriegesellschaft | S. 1 |
| 1.2. | Industriegesellschaftliche Agglomerationsmodelle | S. 2 |
| 1.3. | Die Entwicklung zur Funktionsgesellschaft | S. 3 |
| 1.4. | Das Prinzip der Funktionsteilung im Verflechtungsbereich | S. 4 |
| 1.5. | Der funktionsgesellschaftliche Kontraktionsprozeß | S. 5 |
| 2. | Ziele für die Raumordnungspolitik | S. 7 |
| 2.1. | Das Bundesraumordnungsgesetz | S. 7 |
| 2.2. | Gesunde Lebens- und Arbeitsbedingungen | S. 8 |
| 2.2.1. | Die Bedeutung der Verdichtung | S. 9 |
| 2.2.2. | Zielvorstellungen des Landes Bayern | S. 9 |
| 3. | Strukturen bestehender und angestrebter Verdichtung | S. 11 |
| 3.1. | Der Verdichtungsraum | |
| 3.1.1. | Die Gefahr der "ungesunden Verdichtung" | S. 12 |
| 3.1.2. | Das punkt - achsiale Prinzip zur Sicherung von Freiräumen | S. 13 |
| 3.2. | Bandartige Verdichtungsstrukturen | S. 13 |
| 3.2.1. | Begriffsbestimmungen des Beirats für Raumordnung | S. 14 |
| 3.2.2. | Begriffsbestimmungen nach W. Istel | S. 15 |
| 3.3. | Raumgebundene Infrastruktur | S. 16 |
| 3.4. | Entwicklungsachsen und -schwerpunkte in ihrem Verhältnis zum Freiraum | S. 17 |
| 4. | Die Daseinsgrundfunktion Erholung | S. 19 |
| 4.1. | Begriff | S. 19 |
| 4.2. | Erholungsverhalten | S. 21 |
| 4.2.1. | Bedeutungszuwachs der Erholung und seine Ursachen | S. 21 |
| 4.2.2. | Planungsrelevante Elemente des Erholungsverhaltens | S. 23 |
| 4.2.2.1. | Qualitative Aspekte | S. 24 |
| 4.2.2.2. | Quantitative Aspekte | S. 27 |
| 4.2.3. | Konsequenzen für die Planung | S. 31 |

| | | |
|---|---|---|
| 5. | Industriegesellschaft und Landschaft | S. 33 |
| 5.1. | Begriffsbestimmungen zum Komplex Landschaft | S. 34 |
| 5.2. | Belastung des Naturhaushaltes | S. 36 |
| 5.3. | Das Landschaftsbild | S. 37 |

Spezieller Teil

| | | |
|---|---|---|
| 6. | Der Untersuchungsraum | S. 42 |
| 6.1. | Abgrenzung | S. 42 |
| 6.2. | Geographische Gegebenheiten | S. 44 |
| 6.2.1. | Physiogeographische Raumbeschaffenheit | S. 45 |
| 6.2.2. | Anthropogeographische Rauminhalte | S. 46 |
| 6.3. | Lage der Isarauen im Gesamtraum | S. 48 |
| 6.3.1. | Lage zum Verdichtungsraum | S. 48 |
| 6.3.2. | Lage zur Stadtregion | S. 49 |
| 6.3.3. | Lage zur Entwicklungsachse | S. 50 |
| 6.4. | Bevölkerungsentwicklung im Untersuchungsraum | S. 54 |
| 7. | Gebaute Infrastruktur in den Isarauen | S. 57 |
| 7.1. | Bestand | S. 57 |
| 7.2. | Planungen | S. 58 |
| 8. | Zielvorstellungen für den Untersuchungsraum | S. 60 |
| 9. | Anforderungen von Seiten der Erholung an den Untersuchungsraum | S. 64 |
| 9.1. | Qualitative Ansprüche | S. 64 |
| 9.2. | Quantifizierbare Ansprüche | S. 69 |
| 9.2.1. | Die Beziehung zwischen Bevölkerungszahl und Erholungsflächenangebot | S. 69 |
| 9.2.2. | Zur Zahl der potentiell Erholungssuchenden | S. 72 |
| 9.2.3. | Der Einzugsbereich der Isarauen | S. 74 |
| 9.3. | Zusammenfassung der Anforderungen | S. 76 |
| 10. | Eignung der Isarauen für die Erholung | S. 78 |
| 11. | Zielkonflikte der Erholung mit den anderen Daseinsgrundfunktionen | S. 82 |
| 11.1. | Der Zielkonflikt als Element des Zielfindungsprozesses | S. 82 |
| 11.2. | Die Zielkonflikte in den Isarauen | S. 84 |
| 11.2.1. | Beeinträchtigung durch die Funktion Wohnen | S. 85 |

| | | |
|---|---|---|
| 11.2.2. | Beeinträchtigung durch die Funktion Arbeiten | S. 86 |
| 11.2.3. | Beeinträchtigung durch die Funktion Verkehrsteilnahme | S. 88 |
| 11.2.3.1. | Flugplatz | S. 89 |
| 11.2.3.2. | Straßen | S. 91 |
| 11.2.4. | Beeinträchtigung durch die Funktion der Ver- und Entsorgung | S. 98 |
| 11.2.4.1. | Elektrische Freileitungen | S. 98 |
| 11.2.4.2. | Klärwerke und Mülldeponien | S. 100 |
| 11.2.4.3. | Bayernwerkkanal | S. 104 |
| 11.3. | Zur Problematik der Quantifizierung | S. 106 |
| 12. | Die Ausweisung von Vorranggebieten | S. 110 |
| | Literaturverzeichnis | S. 114 |

## Einführung

Die Thematik der vorliegenden Arbeit ist von höchster Aktualität, nicht nur, was das Problem der Erholung im Nahbereich von Verdichtungsgebieten allgemein, sondern vor allem auch, was den konkret behandelten Raum betrifft. In dem Untersuchungsraum zwischen München und Freising, der in einer dynamischen Entwicklung begriffen ist, spielen sich Interessenkämpfe ab, deren Fronten zwischen Privatheit und Öffentlichkeit, zwischen Landkreisen und Städten, aber auch quer durch die Planungsämter der Regierung verlaufen, weil es kein verbindliches Entwicklungsprogramm für den Raum gibt. So scheint es, daß die einzelnen Planungsüberlegungen mehr von der Sorge um kurzfristige Abhilfe von Notständen geleitet sind als von übergeordneten und weit in die Zukunft reichenden Zielvorstellungen, die dem Prinzip räumlich - funktionaler Arbeitsteilung folgen. Wenn aber dort gebaut wird, wo sich der Stärkere durchsetzt, kann sehr schnell eine irreversible Festlegung der Entwicklung in eine Richtung geschehen, die dem Anliegen einer ausgewogenen Berücksichtigung aller raumrelevanten Daseinsgrundfunktionen zuwiderläuft.

Der Untersuchungsraum ist oft in Betrachtung seiner gegenwärtigen und vor allem seiner geplanten infrastrukturellen Ausstattung als "Dreckspatz der Region" bezeichnet worden. Daraus geht hervor, daß die Bevölkerung empfindlich auf eine einseitige Raumbeanspruchung reagiert, die Mindestforderungen einer befriedigenden Qualität des Lebensraumes außer acht läßt. Eine Chance, die teils notwendigen und oft unerfreulichen Nebenwirkungen der zunehmenden Verstädterung durch die Zuordnung eines gleichsam komplimentären Freiraumes auszugleichen, der zwar nicht Rendite abwirft, aber die lebenswichtige Funktion "Freizeit und Erholung" erfüllt, bietet sich in der Gestaltung der Isarauen als "Englischer Garten von morgen".

Diese Arbeit hat sich zur Aufgabe gemacht, die Bedeutung des Freiraumes Isarauen für die Erholung zu analysieren und Tendenzen zu verdeutlichen, die die Verwirklichung einer den Ansprüchen genügenden Freihaltung für die Erholung in Frage stellen. Es geht hier nicht um die Aufstellung eines Planungskonzepts, nicht um die Vorlage gebrauchsfertiger Ergebnisse, sondern es wird die im Thema angesprochene Problematik aufgezeigt und in der Zusammenschau ihrer raumrelevanten Erscheinungsformen, ihrer Hintergründe und Randbedingungen diskutiert. Die Aspekte, die dabei ins Blickfeld gerückt werden, können zu einer fundierten Auseinandersetzung mit den im Untersuchungsraum auftretenden Konflikten beitragen.

## Allgemeiner Teil

Bevor die konkrete Situation des Untersuchungsraumes behandelt und auf die verschiedenen konkurrierenden Ansprüche an die Isarauen eingegangen wird, soll im ersten Teil der Arbeit der Hintergrund der auftretenden Zielkonflikte schlaglichtartig beleuchtet werden. Denn die Beurteilung eines raumordnerischen Problems ist nur möglich, wenn es im Gesamtgefüge der räumlichen Ordnung gesehen wird und damit in seiner Abhängigkeit von grundlegenden Komponenten, nämlich den Strukturkategorien des Raumes, sozialökonomischen Leitbildern und säkularen gesellschaftspolitischen und raumstrukturellen Entwicklungen und Tendenzen.

### 1. Die Entwicklung von der Industrie- zur Funktionsgesellschaft im Hinblick auf die Siedlungsstruktur.

Gleich zu Anfang sei der säkulare Zeitraum, in dem sich die gegenwärtige Entwicklung abspielt, mit seinen vorherrschenden Merkmalen betrachtet, um das Verständnis für die aus ihnen resultierenden Wert- und Zielvorstellungen und für ihre Konsequenzen im Raum zu erleichtern.

#### 1.1 Die Industriegesellschaft

Die Gesellschaft seit der 2. Hälfte des 19. Jahrhunderts ist dadurch gekennzeichnet, daß sie ihr Gepräge durch die Industrie erhält, indem sie deren Prinzipien der Rationalität und der Technologie übernimmt und ihre allgemeinen Wertnormen danach ausrichtet.
Auch die Siedlungsstruktur der Industriegesellschaft ist an die Erfordernisse der rational organisierten Gütermassenproduktion angepaßt. ( 1 )

---

(1) Mackensen, R.: Industriegesellschaft. - In: Handwörterbuch der Raumforschung und Raumordnung - Hrsg.: Akademie für Raumforschung und Landesplanung, 2. Aufl., Hannover 1970 Sp. 1266 - 1276

Die Standortgunst für Betriebe ergibt sich, laut klassischer Nationalökonomie, aus dem optimalen Zusammentreffen der drei Produktionsfaktoren Arbeit, Kapital und Boden, was zu dem charakteristischen Prozeß der Konzentration führt. Die Menschen- und Siedlungshäufungen, die das von CHRISTALLER (1) beschriebene agrarstrukturelle Raster von Zentralorten unterschiedlicher Stufen in den Räumen industrieller Produktion sprengten, schlugen sich in großstädtischen Agglomerationen nieder.

## 1.2. Industriegesellschaftliche Agglomerationsmodelle

BOUSTEDT bezeichnet mit seinem Modell der Stadtregionen (2) eine sozioökonomische Raumeinheit und definiert sie als "Umlandbereich im Agglomerationsraum einer (großen) Stadt, dessen Einwohner überwiegend nichtlandwirtschaftliche Berufe ausüben und von denen der überwiegende oder zumindest ein erheblicher Teil seine Existenzgrundlage in den Arbeitsstätten der Kernstadt hat". Er teilt die Stadtregion auf in Kernstadt und die sich konzentrisch nach außen anschließenden Zonen: Ergänzungsgebiet, verstädterte Zone, engere und weitere Randzone. Für die Abgrenzung zieht er Merkmale der Bevölkerungsdichte, Erwerbsstruktur und der Pendlersituation heran.

Ein anderes Modell, das ebenfalls die industriegesellschaftliche Siedlungsstruktur verdeutlicht, ist das der Ballungsgebiete. Diese Raumeinheit wird überwiegend aus einer globalen Betrachtung des Grades

---

(1) Christaller, W.: Die zentralen Orte in Süddeutschland. 2. Auflage, Darmstadt 1968

(2) Boustedt, O.: Stadtregionen. In: Handwörterbuch der Raumforschung und Raumordnung (s.o.) Sp. 3207 - 3237.

und der "Art der räumlichen Konzentration der deutschen Wirtschaft und ihrer Stellung gegenüber den anderen Strukturzonen" (1) gewonnen, Ihr hat ISENBERG für deutsche Verhältnisse einen Schwellenwert von etwa einer halben Million Menschen zugrunde gelegt, die "in einem Kern räumlich zusammenhängend bei einer Einwohnerdichte von 1ooo E/qkm und mehr leben". (2)
Beide Agglomerationsmodelle sind in der Erkenntnis entwickelt worden, "daß die ursprüngliche Identität der Stadt als Siedlungseinheit und als verwaltungsrechtliche Gebietskörperschaft in zunehmendem Maße schwand". (3)

### 1.3. Die Entwicklung zur Funktionsgesellschaft

Das Verschlingen des Umlandes von der Stadt ist ein Kennzeichen der industriegesellschaftlichen Siedlungsstruktur. In ihr sind bereits Anzeichen erkennbar, wonach sich die heutige Gesellschaft in einem säkularen Trendumbruch von der Industriegesellschaft zur Funktionsgesellschaft befindet (4), einer Gesellschaftsepoche, in der es im Gegensatz zu den vorigen "keine Vormachtstellung eines Wirtschaftszweiges mehr geben" kann. Sie ist "durch eine optimale Zuordnung der raumrelevanten Daseinsgrundfunktionen des Menschen in ihrer spezifischen Wertbezogenheit auf den Menschen gekennzeichnet" (5),

---

(1) Isenberg, G.: Ballungsgebiete in der BRD. In: Handwörterbuch der Raumf. u. Raumordn. (s.o.) Sp. 115

(2) ebenda, Sp. 114

(3) Boustedt, O.: Stadtregionen... a. a. O., Sp. 32o7

(4) Müller, Gottfried: Ziele der Raumordn. u. Landesplanung nach dem Gliederungsprinzip der funktionsgesellschaftlichen Siedlungsstruktur. In: Funktionsgerechte Verwaltung im Wandel der Industriegesellschaft, Berlin 1969, = Schriftenreihe der Hochschule Speyer, Bd. 43, S. 35 - 48

(5) Partzsch, E.: Funktionsgesellschaft als Epoche. In: Handwörterbuch der Raumf. u. Raumordn. (s.o.) Sp. 865 - 866

worin ihre Infrastrukturgebundenheit deutlich wird. Damit ist eine Wertsetzung angesprochen, nämlich den Menschen vom Primat der Industriewirtschaft zu befreien und ihn "in den Mittelpunkt des Daseins im weitesten Sinne zu rücken". (1) Diese Entwicklung muß sich in einer Auflösung der "Diskrepanz zwischen den Lebensbedingungen in der Industriegesellschaft und den zunehmenden Erwartungen an die sich anbahnende Funktionsgesellschaft" (2) ausdrücken. Typisch für die Funktionsgesellschaft sind auch die wachsenden Berufsgruppenanteile des tertiären Wirtschaftsbereiches. FOURASTIER (3) stellt den Trend heraus, nach dem die Städte statt als Standorte der Industrie zunehmend als solche des Dienstleistungsgewerbes eine Rolle spielen.

### 1.4. Das Prinzip der Funktionsteilung im Verflechtungsbereich

Der für die moderne Technologie bezeichnende Substitutionsprozeß mit zunehmender Arbeitsteilung wird nicht nur in der industriellen Fertigung deutlich, sondern auch in einer funktionalen Arbeitsteilung zwischen den Gemeinden eines regionalen Bereiches, die MÜLLER als "Prozeß der Auflösung der Örtlichkeit" charakterisiert (4). Die Gemeinde als Einheit wird ersetzt durch den überregionalen Verflechtungsbereich, der sich in seiner Ausdehnung an der zumutbaren Arbeitswegentfernung orientiert.

---

(1) Partzsch, D.: a. a. O., Sp. 866. Funktionsgesellsch...
(2) Partzsch, D.: a. a. O., Sp. 866. Funktionsgesellsch...
(3) Fourastier, J.: Die große Hoffnung des zwanzigsten Jahrhunderts. Köln 1956
(4) Müller, Gottfried: Raumordnungspolitische Folgerungen aus zukünftigen ökonomischen Entwicklungen. Vortrag vor dem Hauptausschuß der Ministerkonferenz für Raumordnung am 29. 4. 71 in München. Unveröffentlichtes Manuskript.

Der tägliche Bewegungsraum des Menschen dehnt sich
im Sinne einer Maßstabsvergrößerung aus, das flächenerschließende Auto neben anderen Verkehrsmitteln
ermöglicht eine gesteigerte Mobilität, die sich u.a.
im Pendlerwesen manifestiert. Einrichtungen der Daseinsvorsorge müssen in gut erreichbarer Entfernung
für den täglichen Bedarf zur Verfügung stehen und
benötigen ihrerseits aus Gründen der Wirtschaftlichkeit eine ausreichende Besatzziffer, sprich: Bevölkerungsdichte (1).

1.5. Der funktionsgesellschaftliche Kontraktionsprozeß

Die Raumansprüche der Funktionsgesellschaft sind die
der Daseinsgrundfunktionen (2). Um deren Erfüllung
einer möglichst großen Zahl von Menschen ausreichend
zu gewährleisten, bietet sich eine Siedlungsstruktur
an, die sich schon seit Beginn des Industriezeitalters immer deutlicher ausprägt: die bandartige Verdichtung (3). Zu dieser Struktur hat die großräumige Entwicklungstendenz der Funktionsgesellschaft, der
Kontraktionsprozeß, geführt, der von ISBARY (4) als
"eine sozialökonomisch bedingte räumliche Zusammenziehung der Bevölkerung in standörtlich geeigneten
Zentren oder in Verdichtungszonen" bezeichnet wird,
womit eine Entleerung ländlicher Räume verbunden ist.
Dies ist ein sozioökonomischer Entmischungsprozeß, er
führt zu "großräumigen Bandstrukturen, die - sich

---

(1) Müller, Gottfried: Ziele der Raumordnung und...
    a. a. O., Seite 38
(2) Partzsch, D.: Daseinsgrundfunktionen. In: Handwörterbuch der Raumforschung u. Raumordn. (s.o.),
    Sp. 424 - 43o
(3) Istel, W.: Bandstruktur. In: Handwörterbuch der
    Raumforschung u. Raumordn. (s.o.), Sp. 135 - 147
(4) Zitiert nach: Partzsch, D.: Kontraktion, Konzentration, Zentralisation. In: Handwörterbuch der
    Raumforschung und Raumordn. (s.o.), Sp. 16o7

verzweigend und verästelnd – sich immer tiefer in den Daseinsraum verteilen" (1).

Im Gegensatz zum industriegesellschaftlichen Konzentrationsprozeß gilt hier: "Der Kontraktionsprozeß sucht Standorte und nicht Städte" (ISBARY). Das schon fortgeschrittene Stadium des Verdichtungsprozesses ist in dem Entwurf (2): "Das Adernetz der Verdichtungsbänder und Zentralen Orte in der BRD" veranschaulicht, allerdings mit dem Schwerpunkt der Aussage auf der Erfassung des Trends und weniger auf der Raumbeobachtung (3). Verdichtungsbänder sind hier definiert als Siedlungsgebiete, die, der Bandinfrastruktur folgend, eine Besiedlungsdichte von mehr als 300 E/qkm und eine Mindestlänge von 15 km aufweisen, ohne jedoch in einer geschlossenen Aneinanderreihung von Siedlungen bestehen zu müssen.

In die Verdichtungsbänder "gehen die Ballungsgebiete, Stadtregionen und höheren zentralen Orte auf... sie werden zu einem Bestandteil von ihnen" (4). Das "Adernetz" wird den Anforderungen funktionaler gesamträumlicher Betrachtung gerecht und läßt das Grundgerüst einer planerischen Konzeption erkennen (5), worin das Modell der Entwicklungsachsen und -schwerpunkte angesprochen wird.

---

(1) Istel, W.: Entwicklungsachsen und Entwicklungsschwerpunkte – Ein Raumordnungsmodell. Dissertation am Lehrstuhl für Raumforschung, Raumordnung und Landesplanung der TU München, 1971, S. 49

(2) Isbary, G., H. J. von der Heide, Müller, Gottfried: Gebiete mit gesunden Strukturen und Lebensbedingungen – Merkmale und Abgrenzungen –, Hannover 1969 = Veröffentlichung der Akademie für Raumforschung und Landesplanung, Abhandlungen B. 57, Karte 9.

(3) Vgl. hierzu: Istel, W.: Entwicklungsachsen und... a. a. O., S. 53

(4) ebenda, S. 50

(5) ebenda, S. 52

## 2. Ziele für die Raumordnungspolitik

Der Raum, als "Daseins - Raum" verstanden, kennzeichnet "den Zusammenhang zwischen Sozialstruktur und räumlichen Gegebenheiten. Die Idee der Raumordnung lebt von der Überzeugung, daß das Verhältnis zwischen Gesellschaft, Wirtschaft und Raum (die strukturräumliche Ordnung) nicht von selbst ein optimales ist", sondern der Raum zu gestalten ist (1). UMLAUF definiert die Raumordnung "als optimale Zuordnung von Raum und Bevölkerung nach Maßgabe des gesellschaftspolitischen Leitbildes" (2).

### 2.1. Das Bundesraumordnungsgesetz

Das politische Handeln zur Verwirklichung der Raumordnung, die Raumordnungspolitik, hat sich zu orientieren an den Zielen der Raumordnung, die sich aus dem Raumordnungsgesetz (ROG), insbesondere dem § 2 ableiten lassen.
In seinen Grundsätzen unterscheidet das ROG die Gebietskategorien: Verdichtungsräume, ländliche Räume, zurückgebliebene Gebiete und Zonenrandgebiet, die aus der Sicht der Operationalität eingeteilt werden in: Gebiete mit gesunder Struktur, Problemgebiete und solche, die noch keine gesunde Struktur aufweisen und auch nicht zu den Problemgebieten zählen. Je nach dem, um welche Einstufung es sich im konkreten Fall handelt, wird das angestrebte Ziel verschieden sein können (3).

---

(1) Müller, Gottfried: Raumordnung. In: Handwprterbuch der Raumforschung u. Raumordn. (s.o.), Sp. 2460
(2) Umlauf, J.: Leitgedanken zur Raumordnung. In: Raumordnung und Bauleitplanung im ländlichen Raum. Schriften des Inst. f. Städtebau u. Raumordnung, Stuttgart 1967, 1. Jahrg., S. 176 - 189
(3) Müller, Gottfried: Raumordnung. a. a. O., Sp. 2468

Ganz allgemein gilt die Zielvorstellung, "gesunde Lebens- und Arbeitsbedingungen" (1) herzustellen bzw. zu wahren.

## 2.2. Gesunde Lebens- und Arbeitsbedingungen

Für die damit angesprochene "strukturelle Gesundheit" eines Gebietes gelten folgende Kriterien (2):
1. eine "vielseitige Sozialstruktur auf der Basis eines ausgewogenen Arbeitsplatzangebotes in zumutbarer Zeit/Raumentfernung"
2. ein "ausgeglichenes Verhältnis zwischen Bevölkerungszahl und regionaler Tragfähigkeit"
3. eine "kommunal, teilräumlich und regional gut durchgebildete Verwaltungsstruktur"
4. eine "dem jeweiligen Bedarf entsprechende technische und soziale Infrastruktur"
5. eine "ausreichende Finanzbasis für die gebietskörperschaftlichen Aufgabenträger, besonders auf dem Gebiet der Daseinsvorsorge"
6. eine "gesunde Biosphäre".

MÜLLER (3) faßt dies zusammen in der Formel, daß "die Umweltverhältnisse mit den menschlichen Lebensbedürfnissen unserer Zeit übereinstimmen müssen" und fährt fort: "... es kommt vor allem darauf an, daß ausgewogene Verflechtungen der menschlichen Hauptlebensfunktionen - arbeiten, wohnen, sich bilden, erholen und verkehren - bestehen." Diesem generellen Ziel dient das Prinzip der Verdichtung.

---

(1) ebenda, Sp. 2471
(2) Isbary, G., von der Heide, H.J., Müller, Gottfried: Gebiete mit gesunden Strukturen... a. a. O., S. 61
(3) Müller, Gottfried: Raumordnung. a. a. O., Sp. 2471

## 2.2.1. Die Bedeutung der Verdichtung

Der Beirat für Raumordnung hat in einer Empfehlung (1) als beherrschenden Faktor der absehbaren räumlichen Strukturentwicklung die "Bedeutung und Attraktivität städtischer Lebensformen" gesehen, "die den Menschen sowohl die Befriedigung immer differenzierterer Bedürfnisse als auch die Trennung von privatem und gesellschaftlichem Leben ermöglicht und zugleich für die meisten Bereiche der Wirtschaft die günstigsten Voraussetzungen für die optimale Kombination der Produktionsfaktoren und damit auch ein stabiles wirtschaftliches Wachstum bieten"... "Das Angebot solcher 'städtischer' Lebensverhältnisse für möglichst alle Menschen in der BRD schafft die Voraussetzungen... für die langfristige Sicherung ausgeglichener ökologischer Verhältnisse." Die aus einer Verdichtung sich ergebenden stärkeren ökologischen Ausgleichsbedürfnisse können dort am ehesten gestillt werden, wo das Achsen - Schwerpunkt - Prinzip ein Heranreichen der Freiräume an die Siedlungsflächen erlaubt. Auch kann das Bedürfnis nach Naherholung durch die schnelle Erreichbarkeit leichter befriedigt werden als in Ballungsräumen, die sich unkontrolliert ringförmig ins Umland ausbreiten (2).

## 2.2.2. Zielvorstellungen des Landes Bayern

Die Ziele auf der Ebene der Bundesländer auf die tatsächlichen Gegebenheiten zu beziehen und zu verwirk-

---

(1) Beirat für Raumordnung (Empfehlung): Zielsystem für die räumliche Entwicklung der BRD, Okt. 1971. In: Raumordnungsbericht 1972, Anhang. Bundesdrucksache VI/3793, S. 155
(2) ebenda, S. 157

lichen ist Aufgabe der Landesentwicklungsprogramme. In Bayern, wo laut Landesplanungsgesetz (1) auch entsprechende Programme und Pläne vorgesehen sind, gibt es diese noch nicht, sondern nur unverbindliche Richtlinien, wie sie in den "Programmen für Bayern" (2) enthalten sind. Dort heißt es zur Frage der Verdichtung (3): "Die Verbesserung der Bandinfrastruktur und die Verdichtung von Wohn- und Arbeitsstätten in Entwicklungsachsen ist eine langfristige Aufgabe. Die Staatsregierung wird deshalb den Ausbau von Entwicklungsachsen besonders dort fördern, wo bereits Ansatzpunkte erkennbar... sind. Der Verdichtungsprozeß innerhalb der Entwicklungsachsen muß von Zentralen Orten ausgehen."

---

(1) Bayerisches Landesplanungsgesetz. In: Bayerisches Gesetz- und Verordnungsblatt. Nr. 2, München Febr. 1970

(2) Bayerische Staatsregierung: Ein Programm für Bayern I (1969), Programm Freizeit und Erholung (1970) Ein Programm für Bayern II (1970)

(3) Ein Programm für Bayern II, Hrsg.: Bayer. Staatsministerium für Wirtschaft und Verkehr. S. 17, München 1970

## 3. Strukturen bestehender und angestrebter Verdichtung

Da das Thema der Arbeit auf die besondere Situation verdichteter Siedlungsstrukturen Bezug nimmt und der zu untersuchende Raum sich im Ausstrahlungsbereich einer Großstadt befindet, ist die Behandlung des Begriffs der Verdichtung und seiner konkreten raumstrukturellen Formen geboten.
Der Begriff "Verdichtungsraum", von ISBARY geprägt, ist an die Stelle von "Ballung" gesetzt worden, um den Begriff von der Assoziation zwangsläufiger Überlastung zu befreien (1).

### 3.1. Der Verdichtungsraum

Die Ministerkonferenz für Raumordnung hat in einer Entschließung 1968 (2) eine Abgrenzung des Verdichtungsraumes auf der Grundlage der Einwohner - Arbeitsplatzdichte in Verbindung mit dem Bevölkerungswachstum vorgenommen. Dabei wurden die Gemeinden, bei denen im Jahre 1961 die Summe der Einwohner und Beschäftigten in nichtlandwirtschaftlichen Arbeitsstätten je Quadratkilometer 1250 überstieg, sowie die angrenzenden Gemeinden mit einer geringeren Einwohner - Arbeitsplatzdichte aber überdurchschnittlichem Bevölkerungswachstum in den Jahren 1961 bis 1967 erfaßt.

---

(1) Müller, Georg: Verdichtungsraum. In: Handwörterbuch der Raumforschung u. Raumordn.· (s.o.) Sp. 3537
(2) Ministerkonferenz für Raumordnung: Entschließung zur Frage der Verdichtungsräume von 21. 11. 1968

Die untere Grenze für einen Verdichtungsraum liegt bei 1oo qkm Fläche und 15oooo Einwohnern, wobei die Bevölkerungsdichte des Gesamtraumes mehr als 1ooo E/qkm betragen muß. (1)

### 3.1.1. Die Gefahr der "ungesunden Verdichtung"

Der Verdichtungsraum bildet zusammen mit den angrenzenden wachsenden Gemeinden einen Ordnungsraum. Dieser stellt einen homogenen Raum hoher Konzentration von Einwohnern und Arbeitsplätzen dar, der "wegen des fortschreitenden Verdichtungsprozesses besondere planerische Maßnahmen zur Erhaltung bzw. Verbesserung der bestehenden Gesamtstruktur"(2) erforderlich macht. Da bei einer solchen Menschenanhäufung auf engem Raum "das Gleichgewicht der Kräfte der Natur in biologischer, wasserwirtschaftlicher und klimatischer Hinsicht empfindlich gestört" werden kann, bedarf es gezielter Maßnahmen, die auch "Erholungsraum für den arbeitenden Menschen" zu erhalten oder zu vermehren haben (3). Zeichen "ungesunder Verdichtung" oder auch "Überlastungserscheinungen" lassen sich aus den zitierten Merkmalen gesunder Strukturen (s. Kap. 2.2.) durch Umkehrung ableiten. Laut Ministerkonferenz für Raumordnung ist jeder Verdichtungsraum überlastungsverdächtig. Es sind noch keine allgemeinverbindlichen Kriterien der Überlastung formuliert.

---

(1) Vergl. hierzu: Müller, Georg: Verdichtungsraum. a. a. O., Sp. 3542
(2) ebenda, Sp. 3541
(3) ebenda, Sp. 3543

### 3.1.2. Das punkt - achsiale Prinzip zur Sicherung von Freiräumen

Der Beirat für Raumordnung hat in einer Empfehlung (1) das Prinzip der punkt - achsialen Entwicklung einer ringförmigen Ausbreitung des Verdichtungsraumes vorgezogen. Die Entwicklung von Schwerpunkten in der Tiefe des Ordnungsraumes kann die verkehrs- und versorgungsmäßige Integration des Gesamtraumes erleichtern, aber auch den Ausgleich einer belasteten Vitalsituation in ökologischer Hinsicht und die Befriedigung des "innerstädtischen" Erholungsbedarfs durch ein System von Freiräumen ermöglichen. Die punkt - achsiale Struktur ist auch besonders geeignet zur Freihaltung von Naherholungsgebieten, die dem Verdichtungsraum zugeordnet sind (2).

### 3.2. Bandartige Verdichtungsstrukturen

Der Beirat für Raumordnung folgert aus einer Reihe von Überlegungen (siehe auch Kap. 2), daß der Verdichtungsprozeß konsequent zu fördern sei "in allen Teilräumen der BRD, also auch in den oft noch als 'ländlich' bezeichneten Gebieten". Analog zum punkt - achsialen Prinzip in der Tiefe des Ordnungsraumes soll dabei ausgegangen werden "von den funktional begründeten Strukturkategorien 'Verdichtungsschwerpunkte' und 'Verdichtungsachsen' bzw. den bei noch nicht ausreichendem Ausbaustand entsprechenden 'Entwicklungsschwerpunkten' und 'Entwicklungsachsen'", jeweils unter Berücksichtigung ihrer Einzugsbereiche (3).

---

(1) Beirat für Raumordnung: Zielsystem für die räumliche... a. a. O., S. 156 ff
(2) ebenda, S. 157
(3) ebenda, S. 157 - 158

### 3.2.1. Begriffsbestimmungen des Beirats für Raumordnung

Der Beirat definiert den Verdichtungsschwerpunkt als Ort mit den Eigenschaften "urbanen Lebens" im Sinne optimaler Versorgung der Bevölkerung und günstiger persönlicher Entfaltungsmöglichkeiten im sozialen Kontakt und in der Freizeitgestaltung (1). Dem Verdichtungsschwerpunkt ist ein Verflechtungsbereich zugeordnet, von dessen Grenzen aus er bei einem Wegeaufwand von maximal einer halben Stunde erreichbar sein muß.

Verdichtungsachsen (oder -bänder) sind nach der Terminologie des Beirats achsenförmig angelegte, schienengebundenen Verkehrssystemen folgende Strukturelemente. Sie verbinden mindestens 6 bis 8 "Haltepunkte" (Verdichtungsschwerpunkte) miteinander, die 2 bis 2o km auseinanderliegen und in ihrem Einzugsbereich zusammen "eine Mindestbevölkerung von etwa 80000 bis 1ooooo Einwohnern" aufweisen (2). "Verdichtungsgebiete" ist der zusammenfassende Begriff für Verdichtungsschwerpunkte und -achsen einschließlich der Verdichtungsräume (3).
Von diesen Begriffsbestimmungen der Strukturelemente ist die Definition der Entwicklungsschwerpunkte und -achsen abgeleitet (4), und zwar kennzeichnen sie den noch "unfertigen Zustand" eines geplanten Verdichtungsgebietes, wobei noch unterschieden wird zwischen "im Ausbaustadium" oder "im Vorbereitungsstadium" befindlich. Die Bezeichnung wird dort verwendet, wo im längerfristigen Zielsystem der räumlichen Entwicklung ein Verdichtungsschwerpunkt bzw. -achse vorgesehen ist, aber der entsprechende Raum noch nicht über die geforderten Voraussetzungen bzw. Mindestausstattungen verfügt.

---

(1) ebenda, S. 158
(2) ebenda, S. 159
(3) ebenda, S. 161
(4) ebenda, S. 158 - 159

## 3.2.2. Begriffsbestimmungen nach W. Istel

Im Gegensatz dazu stehen die Begriffsbestimmungen von ISTEL (1): Er bezeichnet die Entwicklungsachsen als die Konzeption eines Raumordnungsmodells und eines raumstrukturellen Ordnungsziels für die Raumordnung, "indem aus dem beobachteten Entwicklungstrend nach Prüfung auf Übereinstimmung mit den Zielvorstellungen bestimmte planerische Konsequenzen in Bezug auf achsiale Entwicklung gezogen werden". Nach seiner Terminologie sind Verdichtungsbänder "Ergebnisse einer Bestands- bzw. Trendaufnahme" und damit deskriptiv-quantitativer Natur, während Entwicklungsachsen Bandstrukturen programmatisch - qualitativer Natur sind, wobei das Programmatische entweder in der Modellvorstellung liegen kann oder darin, daß zur Stärkung eines schon bestehenden Verdichtungsbandes planerische Konsequenzen gezogen werden (2).

Der Entwurf von Entwicklungsachsen und -schwerpunkten für Bayern beruht nicht nur auf status quo- und Trendanalysen, sondern auch auf Entwicklungsvorstellungen nach der landesplanerischen Maxime gesunder Lebens- und Arbeitsbedingungen und gleichwertiger Entwicklungschancen (3). Entwicklungsachsen dienen dem Leistungsaustausch zwischen den Entwicklungsschwerpunkten.

Auch Verdichtungs- und Entwicklungsschwerpunkte werden nach dem Kriterium der Programmvorstellung voneinander unterschieden.

---

(1) Istel, W.: Entwicklungsachsen und... a. a. O., S. 4
(2) ebenda, S. 4
(3) ebenda, S. 8o

Entwicklungsschwerpunkte bezeichnen die Räume, "in denen die Standortvoraussetzungen für eine geordnete siedlungsräumliche Schwerpunktbildung gegeben oder durch gezielte Förderung... auszubauen sind" (1). Sie müssen erstens im System der Entwicklungsachsen liegen, zweitens eine Einwohnerzahl im potentiellen Entwicklungsschwerpunkt-Raum von mindestens 5000 aufweisen, wobei der Schwellenwert für "potentielle Entwicklungsschwerpunkte" für Bayern von ISTEL auf 3000 Einwohner gelegt wurde (2). Drittens muß die lang- und kurzfristige Bevölkerungsentwicklung auf ein Wachstum hindeuten.

Den Band- bzw. Schwerpunktstrukturen ist nach beiden zitierten Definitionen gemeinsam, daß der ihnen zugrundeliegende Kontraktionsprozeß von der Bandinfrastruktur abhängt, die sich im Bereich optimaler Standortgunst bündelt und auf die kommunale Infrastruktur, auf den "Schwerpunkt", ausgerichtet ist.

### 3.3. Raumgebundene Infrastruktur

An dieser Stelle sei die Frage der Infrastruktur eingeflochten, soweit sie für die weiteren Überlegungen relevant ist. Abgeleitet von der "materiellen Infrastruktur" (3) hat MÜLLER (4) mit dem Begriff Infrastruktur den gesamten Komplex der raumgebundenen Grundausstattung für die Daseinsgrundfunktionen des Menschen erfaßt, also die Einrich-

---

(1) ebenda, S. 27
(2) ebenda, S. 69
(3) Vergl. Jochimsen, R.: Theorie der Infrastruktur. Grundlagen der marktwirtschaftlichen Entwicklung. Tübingen 1966, S. 99 ff
(4) Vergl. Müller, Gottfried: Die räumliche u. wirtschaftl. Entwicklung entlang der Rheinschiene aus der Sicht der Landesplanung. In: Wirtschaftliche Mitteilung der Niederrhein. Industrie- und Handelskammer Duisburg - Wesel. Jahrg. 22, H. 13, S. 336 - 338, 1966

tungen für: Wohnen, Arbeiten, Sich - Erholen, Sich - Bilden, Verkehrsteilnahme, Ver- und Entsorgung und Inanspruchnahme zentraler Dienste. Er gliedert die Infrastruktur in die Bereiche:
1. Bandinfrastruktur: Die Summe aller Verkehrs- und Versorgungsbänder als Voraussetzung für städtisch - industrielles Leben,
2. kommunale (oder punktuelle) Infrastruktur: Industrie-, Gewerbe- und Wohngebiete, durch die erst die Bandinfrastruktur aktiviert wird bzw. ihren Sinn erhält.
3. Freirauminfrastruktur: Sie ergänzt die beiden anderen Infrastrukturbereiche und umfaßt die "freie Landschaft", d. h. Gebiete, die land- und forstwirtschaftlich oder für die Erholung genutzt werden, als Wassereinzugsgebiete dienen oder andere ökologische Ausgleichsfunktionen erfüllen.

## 3.4. Entwicklungsachsen und -schwerpunkte in ihrem Verhältnis zum Freiraum

Beim Gebrauch der Begriffe "Entwicklungsachsen und -schwerpunkte" ist im Folgenden der ISTELsche Begriffsinhalt gemeint. ISTEL (1) differenziert zwei Ausprägungsarten der Entwicklungsachsen und -schwerpunkte, das Teilmodell der achsialen Entwicklung und das der punkt - achsialen. In Bayern spielt nur das letztere eine Rolle. Es wird beschrieben als eine perlenschnurartige Aufreihung standortgünstiger Orte entlang gebündelter Bandinfrastruktur (2).

Wie schon bei den Bedingungen für gesunde Strukturen angedeutet wurde, ist ein wichtiges Kriterium ausreichender Lebensbedingungen das Bereithalten von Tages-

---

(1) Istel, W.: Entwicklungsachsen und... a. a. O., S. 19
(2) ebenda, S. 80

und Naherholungsgrünflächen in zuträglicher Erreichbarkeit mit öffentlichen und privaten Verkehrsmitteln und entsprechender Erschließung. Dazu heißt es bei ISTEL (1): "In erreichbarer Nähe des Entwicklungsschwerpunktes muß Freirauminfrastruktur für Naherholungsmöglichkeiten in ausreichendem Maße vorhanden sein, wobei die ständig zunehmenden Ansprüche der sich entwickelnden Freizeitgesellschaft einzukalkulieren sind." An anderer Stelle (2) wird ausgeführt, daß in stark verdichteten Räumen das Modell der achsialen Entwicklung anzuwenden sei, um in regionalplanerischer Sicht über die Maximalplanung den Flächenausgleich kontrollieren und lenken zu können. "Achsiale Entwicklung heißt also nicht Maximalplanung hinsichtlich der Nutzfläche schlechthin, sondern sie soll vielmehr Freiflächen sicherstellen."

---

(1) ebenda, S. 29
(2) ebenda, S. 33

## 4. Die Daseinsgrundfunktion Erholung

Da die "Erholung" eine zentrale Stelle in dieser Arbeit einnimmt, indem sie den anderen Daseinsgrundfunktionen gegenübergestellt wird, soll sie begrifflich, in ihrer gesellschaftspolitischen Entwicklung und Bedeutung, ihrer Verhaltensorientierung, ihren Raumansprüchen dargestellt und die sich daraus ergebende Folgerung für die Planung aufgezeigt werden.

### 4.1 Begriff

Erholung ist zunächst einmal klar abzugrenzen gegenüber dem Begriff der Freizeit, um den Fehler zu vermeiden, daß diese Begriffe beliebig miteinander ausgetauscht werden.
Der medizinische Begriff der Erholung umfaßt einen komplexen Lebensvorgang, der sich wie folgt aufteilen läßt (1): Entmüdung (Abtransport der Ermüdungsstoffe im Kreislauf), Entspannung (Vorstufe der Erholung) und Erholung (notwendige nachhaltige Regeneration aller physischen und psychischen Kräfte). Diesen verschiedenen Stufen sind jeweils bestimmte Mindestzeiten zugeordnet, die sich nach Dauer und Schwere der vorangegangenen Belastung richten.
"Die Erholung ist als die Wiederherstellung, die Erhaltung und vorbeugende Bewahrung des durch die Arbeitsleistung, die Lebensführung und gewisse Umwelteinflüsse beeinträchtigten oder gefährdeten körperlichen, geistigen und seelischen Wohlbefindens des Menschen zu charakterisieren (2)."

---

(1) Hittmair, A. M.: Freizeit, Erholung und Leistung. In: Ärztliche Praxis, Jahrg. 21, 1142 - 1143, 1965
(2) Arbeitsgruppe "Landschaft", Notizen Nr. 2. Inst. f. Orts-, Regional- u. Landesplanung an der ETH Zürich 1968, S. 3 ff.

Daraus geht bereits hervor, daß Erholung weder zeitlich noch örtlich zu begrenzen ist.

Die Versuchung, die Begriffe Freizeit und Erholung für substituierbar zu halten, hat ihre Wurzel in der eingeengten Auffassung der Erholung allein als Regeneration der Arbeitskraft und damit der Erholung als Gegenpol zur Arbeit, was die einfache Gegenüberstellung von Arbeitszeit und Freizeit nach sich zieht. So definiert z. B. HEYDE die Freizeit als die "Zeitspanne, in der der Mensch nicht Arbeit verrichtet" (1).

Heute neigt man mehr zu einer differenzierteren Betrachtungsweise der Freizeit. PROSENC (2) warnt vor einem nur nach Zeitabschnitten festgelegten Begriff, weil das "Freizeitempfinden" mitberücksichtigt werden müsse, was sich in Situationen mit nur scheinbarer Disponibilität nicht einstellt. Auf diesen Überlegungen aufbauend teilt BLÜCHER (3) die Zeit des Tages wie folgt ein:
1. "Produktive Zeit", d. h. zur Gewinnung des Lebensunterhalts dienende Arbeit.
2. "Reproduktive Zeit" zum Schlafen, Ausruhen, Essen und zur Körperpflege.
3. "Verhaltensbeliebige Zeit", sogenannte effektive Freizeit.

Während Punkt 2 und 3 zusammen "Freie Zeit" ausmachen, kann nur der unter 3 genannte Zeitraum als eigentliche "Freizeit" gelten.

---

(1) Zitiert bei Jachob - Goldeck, M.: Einige sozialwissenschaftliche Beiträge zum Freizeitproblem u. Möglichkeiten ihrer Auswertung für die Grünplanung. In: Landschaft und Stadt, 2. Jahrg. H. 2, Stuttgart 1970, S. 49

(2) Prosenc, M.: Freizeit - Gesellschaft - Planung. In: architectur wettbewerbe 56, S. 11 ff., Stuttgart 1968

(3) Blücher, V. Graf: Freizeit. In: Handwprterbuch der Soziologie, hrsg. v. W. Bernsdorf. Stuttgart 1969

Heute wird angesichts der Zunahme an freier Zeit die
Erholung nicht mehr als Grundprinzip für die Verwendung von freier Zeit anerkannt, sondern nur noch als
eine Funktion derselben. Die beiden anderen Funktionen sieht DUMAZEDIER (1) in der Zerstreuung und Unterhaltung sowie in der Selbstentfaltung.

## 4.2. Erholungsverhalten

Die Begriffsbestimmung und -abgrenzung war nötig, damit im Folgenden eine bewußte Einschränkung auf solche
Aspekte des Freizeit- bzw. Erholungsverhaltens vorgenommen werden kann, die im Rahmen des Themas relevant
sind:
Aspekte des Verhaltens, das der Erholung dient und in
der Freizeit stattfindet. Mit dieser Prämisse kann unter Erholungs- und Freizeitverhalten das gleiche verstanden werden.

### 4.2.1. Bedeutungszuwachs der Erholung und seine Ursachen

Bevor auf das Erholungsverhalten im einzelnen bzw. in
Bezug auf den Raum eingegangen wird, ist der Bedeutungswandel der Erholung anzusprechen. "Erholung und
Urlaub sind Tatsachen und Begriffe, die erst mit der
Entstehung der Industriegesellschaft auftauchten und
ihr ihre Existenz verdanken (2)."
"Die Entwicklung des Erholungswesens beginnt erst mit
dem Übergang von der flächenbezogenen Agrarlandschaft
zur standortorientierten Industriegesellschaft moderner Prägung zu einer Bevölkerungsbewegung größeren
Ausmaßes zu werden (3)."

---

(1) Dumazedier, I.: Problèmes actuels de la sociologie de loisir. In: Revue internationale des sciences sociales (UNESCO), Jg. 4, S. 564 - 573, 1960
(2) Buchwald, K.: Die Erholung in der Industriegesellschaft und die Landschaft. In: Naturschutzparke 1964, Nr. 3, S. 4 - 5.
(3) Ruppert, K./Maier, J.: Naherholungsraum u. Naherholungsverkehr - Geographische Aspekte eines speziellen Freizeitverhaltens. Münchner Studien zur Sozial- u. Wirtschaftsgeographie, München 1969

Um der Übersichtlichkeit willen seien schlagwortartig die augenscheinlichsten Ursachen für den Bedeutungswandel des Erholungsverhaltens zusammengefaßt. Sie bilden den generellen Hintergrund des gegenwärtigen und absehbaren Verhaltens der Erholungssuchenden und werden in ihren einzelnen Faktoren bei den weiteren Betrachtungen noch gesondert in Erscheinung treten, je nach dem Blickwinkel der Fragestellung:

1. Gehobener Lebensstandard besonders im Bereich des Privatkonsums: Freiwerden finanzieller Potenzen, die bisher für die Anschaffung langlebiger Gebrauchsgüter beansprucht wurden.
2. Mobilität: Steigerung des Kraftfahrzeugbesitzes.
3. Wachsende zeitliche Möglichkeiten: Arbeitszeitverkürzung, Erleichterung der Hausarbeit.
4. Heraufsetzen der Lebenserwartung: Erholungsnachfrage durch alte Menschen.
5. Bessere und billigere Angebote der Freizeitbranche.
6. Prestigewert bestimmter Freizeitaktivitäten.
7. Steigerung des Gesundheitsbedürfnisses sowie des Erlebnis- und Wissensdranges aufgrund höheren durchschnittlichen Bildungsgrades.
8. Höhere Ansprüche an die Qualität der Umwelt im allgemeinen und an die Freiflächeninfrastruktur im besonderen.
9. Arbeitsbedingungen: Monotonie durch Spezialisierung und Automatisierung, Antriebsüberschuß durch Intellektualisierung, Bewegungsarmut bei immer mehr Beschäftigung " im Sitzen".
10. Vitalsituation: ungesunde Biosphäre, ungenügendes Erholungsraumangebot, Reizübersättigung z. B. durch Lärm im Zusammenhang unkontrollierter Verstädterung bzw. ungezügelten Verbrauchs natürlicher Ressourcen.
11. Wohnverhältnisse: Enge des Lebensraumes durch Mangel an Wohnfläche und fehlende innerstädtische Freiflächen z. B. für das Spiel der Kinder.
12. Verkehrsbedingungen: Hast und Bedrohung besonders im Individualverkehr, Nervenbelastung durch stockenden Verkehrsfluß und erhöhte Wegezeiten.

Die einzelnen Punkte, ohne Gewichtung aufgezählt, sind teilweise eng miteinander verzahnt oder überschneiden sich. Grob lassen sie sich in zwei Gruppen einteilen: Die Punkte 1 bis 8 bezeichnen Voraussetzungen, die Befriedigung mehr oder weniger latent vorhandener Erholungsbedürfnisse für immer größere Bevölkerungskreise zu gewährleisten.
Die Punkte 9 bis 12 nennen Auslösefaktoren für ein gesteigertes Erholungsbedürfnis, die in ursächlichem Zusammenhang mit der Überlastung von Verdichtungsräumen stehen.

4.2.2. Planungsrelevante Elemente des Erholungsverhaltens

Im Folgenden soll sich die Betrachtung auf das Erholungsverhalten außer Haus konzentrieren. Dies wird als eine starke Einschränkung erkennbar, wenn man sich die Ermittlungen von BLÜCHER (1) vor Augen führt, nach denen an Arbeitstagen 68 %, an Samstagen 6o % und an Sonntagen 49 % der Befragten ihre Freizeit im Haus verbringen.
Laut BUCHWALD (2) besteht die Erholung "in einem Ausgleich innerhalb des zur Gesundheit notwendigen Wechsels von Tätigkeit und Ruhe. Erholung im Sinne des Ausgleichs ist zunächst nicht an bestimmte Umweltbedingungen oder Verhaltensweisen gebunden. Unsere heutigen Umweltbedingungen, Lebens- und Arbeitsweisen erfordern jedoch als Ausgleich den Aufenthalt des Menschen im Freien, da mit dem Wechsel der Umwelt ein Wechsel der Reizeinwirkungen und eine andersartige Beanspruchung des Menschen stattfindet. Erholungsgebiete sind Landschaftsräume oder Teilräume von diesen, die für die Erholung geeignet sind."

---

(1) Blücher, V. Graf: Freizeitbedürfnisse und Wohnsiedlungen der Zukunft. In: Archiv für Kommunalwissenschaften, Jg. 7, H.1, S. 73 ff, Stuttgart 1968
(2) Buchwald, K.: Die Erholung in der Industriegesellschaft... a. a. O., S. 57

Zur Frage der Quantifizierbarkeit sei gleich zu Anfang eine grundsätzliche Unterscheidung des Erholungsverhaltens aus physiologischer und psychologischer Sicht festgehalten, auf die CZINKI und ZÜHLKE (1) hinweisen: Die physische Erholung ist objektiv, beweisbar und dementsprechend meßbar, Gesetzen und Regelmäßigkeiten unterworfen. Die psychische Erholung ist dagegen subjektiv, deutbar, also "nur durch Betrachtungen und Folgerungen analysierbar".
Aussagen über sinnvolle oder optimale Erholungsarten finden sich bei einer großen Anzahl von Autoren, von denen nur drei exemplarisch zitiert sein sollen (2): GLEICHMANN: Erholung als "Befreiung oder Entlastung von einseitiger Tätigkeit, wie sie beispielsweise durch Beruf und Arbeitswelt erzwungen wird". "Verpflichtungslos empfundener Zustand". VOGLER, P.: "Gesundheitliche Erholung durch Bewegung, wenn er sonst viel sitzt, Ruhe, wenn er umherjagt." "Die beste Erholung, der vernünftigste Ausgleich ist ein Tätigwerden in einer zweiten, mit wirklicher Muße betriebenen, aber irgendwo zu einem Ergebnis führenden Arbeit." FÜRLINGER: "Wichtig ist, was unsere Mitmenschen wünschen, was ihnen Freude macht - denn Freude haben ist die beste Erholung."
Diese Zitate machen zwar wichtige Elemente der Erholung deutlich, können jedoch kaum als Grundlage für konkrete Planungen herangezogen werden.

### 4.2.2.1. Qualitative Aspekte

Eine grobe qualitative Einteilung von Ausstattung und Erholungsaktivitäten liegt in den Gegensatzpaaren:
    naturnah (natürlich) - künstlich (technisch)
    ruhig (besinnlich)   - laut (betriebsam)

---

(1) Czinki, L./ Zühlke, W.: Erholung und Regionalplanung. In: Raumforschung u. Raumordnung. Jg. 24, H. 4, S. 155 ff., Bad Godesberg 1966
(2) Zitiert bei Czinki/Zühlke: Erholung und..., ebenda

Diese Eigenschaften können in einem Erholungsraum beliebig kombiniert werden. Die Ansichten darüber, welcher dieser "Charakterzüge" dem Erholungsbedürfnis des Menschen am meisten entgegenkommt und daher dominieren sollte, gehen auseinander.
Qualitätsbezogen und zugleich planungsrelevant sind die Schlußfolgerungen von BLOCH (1) aus einer Befragung an 6ooo Personen im Ruhrgebiet: Ruhe, Naturnähe, Möglichkeit der Vereinzelung, Bewegung, Gesundheitspflege wurden als entscheidende Motive für das Aufsuchen von Erholungsräumen angegeben. Er sieht darin "die Widerlegung der These, daß die Mehrheit der Bevölkerung unserer Verdichtungsräume Siedlungsformen und Komfort ihrer täglichen Umwelt auch auf die Erholungsgebiete übertragen sehen will" und leitet daraus die Forderung ab, daß "die städtische Überfremdung der Erholungsräume" vermieden werden müsse.
BUCHWALD (2) spricht sich im gleichen Sinne für eine Erholung naturnahen Charakters als Kompensation stättischer Lebensform aus: "Durch die Verstädterung erfährt die Umwelt eine Veränderung, der der menschliche Organismus einschließlich seiner psychischen Bedürfnisse nie voll angepaßt werden kann. Vielmehr braucht der Mensch die Möglichkeit, den technischen, unorganischen Verhältnissen seiner Wohn- und Berufssituation zumindest zeitweise auszuweichen und sich als biologisches Wesen in einer vorwiegend naturnahen Umgebung zu fühlen."

Andere Beobachtungen scheinen das Gegenteil auszusagen: Aus Holland wird berichtet, daß 6o bis 8o % der Sonntagsausflügler am Straßenrand lagern bzw. bis zu 95 %

---

(1) Bloch, A.: Die unterschiedlichen Ansprüche der Erholung an den Raum als landesplanerische Aufgabe. In: Schriftenreihe für Landschaftspflege und Naturschutz. H. 3, S. 75 ff., Bad Godesberg, 1968
(2) Buchwald, K.: Die Industriegesellschaft und die Landschaft. In: Beiträge zur Landespflege. Bd. 1 (Festschrift), Stuttgart 1963

Geographisches Institut
der Universität Kiel
Neue Universität

der Besucher des Nationalparks Kennemerduinen an den attraktiven Schwerpunkten bleiben. (1).

CZINKI (2) stellt ebenfalls fest, daß die Mehrzahl der Erholungssuchenden auch in der Landschaft nicht Ruhe und Einsamkeit sucht, sondern das Leben und Treiben der Gesellschaft. "Die meisten Ausflügler suchen ihre Erholung nicht in der Tiefe stiller Wälder, wie man es annehmen würde, sondern unter ihresgleichen an Plätzen, wo etwas los ist. Sie kommen aus den dichten Städten und lassen sich wiederum dort nieder, wo der Sitz- oder Liegeplatz ebenfalls mit anderen geteilt werden muß... Von vielen Planern wird diese Konzentrationserscheinung nicht gerne gesehen. Nach ihrer Vorstellung sollte die Hast des Alltags in der einsamen und stillen Natur kuriert werden. Diese Einstellung ist unlogisch, denn die selbstgewählte Freiheit in der Freizeit, d. h. die Umgebung frei zu wählen, sollte für den einzelnen erhalten bleiben."

Der Schlüssel zur Auflösung des Widerspruchs zwischen den beiden aufgezeigten Standpunkten liegt, wie bei CZINKI anklingt, in der Vielseitigkeit des Angebots an Erholungsmöglichkeiten. Der Grundsatz darf nicht "entweder oder" sondern muß "sowohl als auch" heißen: Es sollte für jeden Erholungssuchenden die gewünschte Erholungsaktivität möglich sein.

Für die Planung ergeben sich daraus sehr unterschiedliche Konsequenzen:

1. Die "ruhige Erholung" bedarf relativ großer Flächen aber geringer Infrastrukturinvestitionen. Die Besatzdichte der Besucher muß "Vereinzelung" erlauben.

2. Für die "laute Erholung" wird eine relativ kleine Fläche intensiv genutzt und muß mit einem hohen Angebot an Erholungseinrichtungen versehen sein.

---

(1) Heytze, J. C.: Erholung am Wegrande. In: Informationsschrift zum 1. Kongreß für Freizeitgestaltung u. Tourismus am 25. - 29. 4. 1966 in Rotterdam.

(2) Czinki, L.: Zum Erholungsproblem der Ballungsräume. In: Natur und Landschaft. Jg. 47, H. 6, S. 155, 1972

3. Anlagen mit "künstlicher" Ausstattung sind eher räumlich konzentriert auf relativ kleiner Fläche zu gestalten als "naturnahe" Erholungsräume, die ein gewisses Minimum an Fläche (abhängig von den örtlichen Bedingungen) nicht unterschreiten dürfen, wenn nicht ihr Charakter von den Einflüssen der Umgebung überlagert und verfälscht werden soll. Der Planer wird kaum eine dieser Formen in ihrer extremen Ausprägung den menschlichen Bedürfnissen gegenüber für vertretbar halten, sondern zwischen diesen Polen nach Mischformen suchen, die sowohl nach der einen als auch nach der anderen Seite hin tendieren können. (Vergl. Kap. 9.1.)
Dabei ist das in solchen "Mischformen" angelegte Konfliktpotential zu beachten: Es erfordert eine politische Prioritätensetzung, die die Bereiche bestimmter Primärfunktion bei Unvereinbarkeit klar voneinander abgrenzt. (1)

### 4.2.2.2. Quantitative Aspekte

Wenn hier von "quantitativen" Aspekten die Rede ist, so soll damit lediglich die schon früher erwähnte Tatsache der Meßbarkeit angesprochen und nicht die Auswirkung auf die Qualität bestritten werden. Die Vielschichtigkeit der Kriterien, von denen das Freizeit-Erholungsverhalten abhängt, ist schon in der Zusammenstellung der Ursachen für den Bedeutungswandel der Erholung zum Ausdruck gekommen. Dies ist nicht der Rahmen für eine umfassende Vertiefung der einzelnen Punkte, sondern hier sollen die für die Planung relevantesten Einflußfaktoren herausgestellt werden:
a) Das zur Verfügung stehende Freizeitbudget.
b) Erreichbarkeit der Erholungsfläche.
c) Attraktivität des Erholungsangebotes.

Zu a) Das Freizeitbudget ist die Voraussetzung zur Inanspruchnahme geplanter bzw. organisierter Erholungsangebote. Ihm kommt die Funktion des zeitlichen Rahmens zu, innerhalb dessen sich ein bestimmtes Maß an Erholung realisieren läßt.

---

(1) Schemel, H.J.: Städtisches Wohnen und Naherholung - Überlagerung und Zielkonflikte. In: Raum und Siedlung, H. 9 1971

CZINKI (1) hat den Freizeitaufwand und die Entfernung zum Ort der Erholung in Bezug zueinander gesetzt und dabei folgende Werte empirisch ermittelt: Die aufgewendeten Netto - Zeiteinheiten für die Erholung in der Wohnung und in Wohnungsnähe, Erholung am Wochenende außerhalb des Wohnortes und Jahresurlaub stehen zueinander im Verhältnis 72 % : 18 % : lo %. Diese Zahlen weisen deutlich auf die überragende Bedeutung der Qualität von Wohnung und Wohnquartier hin, die in diesem Bereich nicht zuletzt von der Möglichkeit kurzfristig verfügbarer Erholungseinrichtungen abhängt. CZINKI stellt in diesem Zusammenhang fest, daß "Qualität und Quantität der wohnungsnahen Erholungsmöglichkeiten für die Notwendigkeit und das Maß der übrigen Erholungsformen entscheidend" sind.

Zu b) Der letzte Abschnitt hat bereits übergeleitet zur Frage der Erreichbarkeit. Diese ist hauptsächlich durch den Zeitfaktor bestimmt, der sich einmal nach der zu überwindenden Entfernung richtet und zum anderen nach der Mobilität, hier verstanden als die Fähigkeit der "Distancevernichtung" (2) mit Hilfe von Verkehrsmitteln. Die Mobilität wiederum hängt ab vom Einkommen und den Verkehrsverhältnissen.
Sowohl das Freizeitbudget als auch die Mobilität sind Voraussetzungen, die sich, entgegen dem Postulat gleicher Freizeitangebote für alle, den einzelnen Gesellschaftsgruppen recht unterschiedlich erfüllen. So erfahren z. B. zwei Gruppen eine Benachteiligung: Einmal die Hausfrauen, die über besonders wenig und dispers anfallende Freizeit verfügen und zum anderen Kinder und alte Menschen, denen zwar viel Freizeit aber sehr geringe Mobilität zur Verfügung steht.

---

(1) CZINKI, L./Zühlke, W.: Erholung und Regionalplanung a. a. O.
(2) Medert, K.: Zur Rolle des Verkehrswesens im Bundes - Raumordnungsplan. In: structur, Jg. 1, H. 4, 1972

Weitere demographische Variablen des Freizeitverhaltens hat SCHEUCH (1) aufgezählt und nach der Stärke der Beeinflussung gegliedert; dem soll hier nicht weiter nachgegangen werden.
Die Frage der Erreichbarkeit schlägt sich sehr klar in planerischen Konsequenzen nieder. Auf ihr fußt die Bewegungsraum - Methode, die WEINHEIMER (2) für städtische Bereiche entwickelt hat: Der tägliche Lebensraum, gekennzeichnet durch Einkaufs-, Berufs- und Erholungswege, wurde durch Zirkelschlag abgegrenzt und dabei eine halbe Stunde als zumutbarer Zeitaufwand zugrundegelegt. Unter der Prämisse guter Verkehrsbedingungen ermittelte WEINHEIMER einen optimalen Radius von 1o bis 14 km.
Dieses Ergebnis läßt entsprechende Rückschlüsse auf die nötige Präsenz von innerstädtischen Grünflächen zu. Der Anspruch auf sie pro Einwohner wurde quantifiziert (3) mit dem Erfahrungsmittelwert von 2o bis 3o $m^2$. Dabei ist die "Kinderwagenentfernung" von 1 bis 1,6 km zu beachten, worauf in Kap. 4.2.3. eingegangen wird.

Zu c) Die beiden eben behandelten Einflußfaktoren für das Freizeitverhalten müssen sich auf den Faktor der Attraktivität des Erholungsangebotes ausrichten, insofern, als diese Attraktivität erst den Impuls, den Anreiz für die planungsrelevante Aktivität des Erholungssuchenden gibt und entsprechend den zu leistenden Weg - Zeit Aufwand bestimmt. Die Tatsache, daß sich Anziehungskraft und Einzugsbereich eines Erholungsgebietes proportional zueinander verhalten, liegt auf der Hand, ebenso die Abhängigkeit von "Konkurrenzangeboten".

---

(1) Scheuch, E. K.: Soziologie der Freizeit. In: Handwörterbuch der empirischen Soziologie, Bd. II, hrsg. v. R. König. Stuttgart 1969, S. 784

(2) Weinheimer, J.: Ballungen. Versuch zur Bestimmung ihrer Grenzen und Intensität. In: Raumforschung u. Raumordnung, Jg. 15 (1957), H. 3/4, S. 146 - 15o

(3) Scholz, H.: Erfahrungsziffern, Faustzahlen u. Kompositionsregeln im Bereich des Siedlungs- u. Verkehrswesens u. deren Bedeutung für die Raumordnung. Informationsbriefe für Raumordnung, Hrsg. Bundesminister des Innern, R. 1.7.3., Stuttgart 1968

Problematisch ist jedoch die Quantifizierung der Erholungsattraktivität vor allem bei innerstädtischen Anlagen. Empirische Untersuchungen in Form von Befragungen in dieser Richtung haben sehr beschränkte Aussagekraft, weil in ihnen unwägbare und nicht klar zu erfassende Komponenten wie Gewohnheit oder Vorstellungskraft eine Rolle spielen, die sehr manipulierbar bzw. entwicklungsfähig sind und daher keine feste Grundlage für einen Planungsprozeß abgeben können. Anders verhält es sich im Bereich natürlicher Gegebenheiten, weil hier nicht gebaute Einrichtungen ausschlaggebend sind, sondern die Formen der Natur, die natürlichen Landschaftselemente, die, selbst unveränderbar, nur in ihrer Zusammenstellung und Vielfalt variieren. KIEMSTEDT (1) hat für die "freie Landschaft" Bewertungsmerkmale der Erholungseignung aufgestellt, die er quantifiziert und in der Meßziffer des Vielfältigkeitswertes (V - Wert) darstellt. Nach Kriterien wie Reliefenergie, Randeffekt, Nutzungsarten und Klimawerten erfaßt er die Landschaftsfaktoren, die von Bedeutung sind:

1. als Träger sinnlicher, vor allem optischer Eindrücke, als Träger des Landschaftserlebnisses. (Formen, Linien, Maße, Beleuchtungseffekte, geistiger Gehalt);
2. in ihrer Benutzbarkeit für den Menschen, als Ort ausgleichender Betätigung und als Voraussetzung für das Landschaftserlebnis und die natürlichen Einflüsse. Dazu heißt es bei ihm: "Es läßt sich jedenfalls zeigen, daß hinter allen zeitgebundenen Wertungen der Landschaft Gestaltelemente von allgemeiner Gültigkeit stehen... Dabei geht es immer um Vielfalt der Elemente, um Abwechslung und Kontrast in der Landschaft.

---

(1) Kiemstedt, H.: Zur Bewertung der Landschaft für die Erholung. Beiträge zur Landespflege, Sonderheft 1. Stuttgart 1967

Es geht um den 'brauchbaren Landschaftsausschnitt', der nach Maßstab und Gestalt der Elemente für den Aufenthalt des Menschen geeignet und erreichbar sein muß (1)."
Die Problematik dieses Quantifizierungsmodells liegt neben den methodisch bedingten Vergröberungen vor allem in der Tatsache, daß hier der Versuch gemacht wird, psychologische Wirkungszusammenhänge, die sich vorwiegend im Bereich des Gefühls, des Geschmacksempfindens abspielen, aus Gründen planerischer Effizienz von der subjektiven auf die objektive Ebene zu übertragen.

### 4.2.3. Konsequenzen für die Planung

Die bisherigen Ausführungen machen die Planungsnotwendigkeit sichtbar, Erholungsformen nach ihren Determinanten zu differenzieren und die sich daraus ergebenden räumlichen Konsequenzen darzustellen.
Bei gegebener Attraktivität müssen Erholungsräume nach Erreichbarkeit und Menge der zur Verfügung stehenden Freizeit klar voneinander abgesetzt sein.

Nach der verfügbaren Freizeit wird unterschieden zwischen den Typen der stundenweisen, halbtägigen und ganztägigen Tageserholung, der Wochenenderholung und der Jahresurlaubserholung. Der Dauer des Erholungsvorganges ist ein entsprechender Zeit - Weg Aufwand zugeordnet, nach dem folgende Kategorien in Bezug zum Verdichtungsraum differenziert werden können (2):
1. Erholung direkt am Haus: Terrasse, Garten.
2. Erholung im Bereich des Wohnquartiers: Park, Kinderspielplatz, Schwimmbad.

---

(1) ders.: Die Landschaftsbewertung als wichtiger Bestandteil der Erholungsplanung. In: Der Landkreis, H. 8/9, 1969
(2) Vogler, H./ Weinzierl, W.: Freizeit und Freiraum, Landschaft u. Landbewirtschaftung im Wirtschaftsraum Augsburg. Unveröffentlichte Diplomarbeit am Lehrstuhl f. Raumforschung, Raumordnung u. Landesplanung der TU München, 1972

Hier hat die von GLEICHMANN (1) empirisch gefundene 15 Minuten Entfernung eine große Bedeutung (auch "Kinderwagenentfernung" genannt); innerhalb eines Radius' mit diesem Schwellenwert spielt sich hauptsächlich die kurzfristige Tageserholung ab, in die, wie schon erwähnt, der größte Teil der Erholungsaktivität fällt. Die hier angesprochenen Erholungsangebote sind für die Mehrheit der Bevölkerung nicht substituierbar.

3. Erholung in Freiräumen, die innerhalb oder direkt an städtischer Verdichtung gelegen sind. Für stundenweise bis ganztägige Erholung geeignet.
4. Erholung im Umkreis des Verdichtungsraumes, in ländlichen Bereichen, die der Stadt zugeordnet sind und die erforderliche Attraktivität aufweisen. Für Tages- und Wochenenderholung geeignet.
5. Erholung in sogenannten "Fernerholungsgebieten" für Wochenend- und Urlaubsfreizeit mit besonderer Attraktivität und gut ausgebauter Freiraum- und Verkehrsinfrastruktur.

Diese Kategorien können sich überschneiden, sie sind auch nicht immer klar in der beschriebenen Zuordnung zum Verdichtungszeitraum abzugrenzen. Die Erholungsraum-Kategorien sind in ihrer Gesamtheit aufgezählt worden, damit der Zusammenhang deutlich wird, in dem die Kategorien 3 und 4 stehen, die im Rahmen des Themas untersucht werden sollen. Dabei handelt es sich um einen Landschaftsraum "naturnahen" Charakters. Unter Naturnähe sei der Zustand einer Landschaft verstanden, deren Elemente den Betrachter nur relativ wenig den menschlichen Einfluß spüren lassen. (Siehe auch Kap. 5.5.1.) Diese Bezeichnung sagt noch nichts über Besucherdichte und Kommunikationsintensität aus.

---

(1) Gleichmann, P.: Sozialwissenschaftliche Aspekte der Grünplanung in der Großstadt. S. 71, Verlag; Ferd. Enke, Stuttgart 1963

## 5. Industriegesellschaft und Landschaft

In der historischen Entwicklung des Verhältnisses
Mensch - Landschaft gibt es zwei entscheidende Stufen: Der Übergang zur Seßhaftigkeit und der Übergang
zur Industriekultur.
Mit der Seßhaftigkeit beginnt die "Bebauung" des Landes,
die Einwirkung des Menschen auf die Natur ist beschränkt
"auf die Ausnutzung ihres natürlichen Potentials und
auf den Schutz gegen die von ihr ausgehenden Gefahren". (1)
Die mit der Industriekultur einhergehende Verstädterung bedeutet eine zweite Umformung der Natur. Die
menschlichen Eingriffe verdichten sich, "die Landschaften werden nicht nur in Pflege genommen, sondern durch
kulturelle Gewohnheiten 'gestaltet'... Die Fähigkeit
der Natur, eine dichtere Bevölkerung zu tragen oder
über den Nahrungsbedarf hinaus Überschüsse zu erzeugen,
mußte erst durch technische und politische Mittel hervorgebracht werden (2)".
Die Agrar-, Industrie- und Funktionsgesellschaft als
Epochen sind nicht durch ein zeitliches "hintereinander" gekennzeichnet, sondern durch parallel verschobene
Abläufe, die, je nach Raum in ihrer Entwicklungsdynamik
unterschiedlich, einander nur allmählich ablösen. Dieses Phänomen zeigt sich besonders deutlich in der
Siedlungsstruktur.
In Kapitel 1 wurde ausgeführt, inwieweit ein Trend
zur Funktionsgesellschaft auszumachen ist und welche
strukturräumlichen Veränderungen damit verbunden sind.
Da sich diese Tendenzen hauptsächlich in funktionalen
Bezügen zwischen Siedlungseinheiten und in einer Neuorientierung der Zielvorstellungen niederschlagen, sich
jedoch noch wenig in einer konkreten physischen (baulichen) Auswirkung auf den Raum manifestieren, soll die

---

(1) Vergl. hierzu: Glikson, A.: Der Mensch und seine Beziehungen zur Umwelt. S. 162 - 181. In: Das umstrittene Experiment, Modelle für eine neue Welt. München 1966

(2) Krysmanski, R.: Die Nützlichkeit der Landschaft. a. a. O., S. 32

Landschaft in ihrer industriegesellschaftlichen Prägung mit dem Blick auf ihr Verhältnis zu den Forderungen des Menschen gegenüber der Qualität seiner Umwelt betrachtet werden.

## 5.1. Begriffsbestimmungen zum Komplex Landschaft

Der Begriff "Landschaft" wird sehr unterschiedlich definiert. In dieser Arbeit wird unter Landschaft die "Gesamtheit der naturbedingten und anthropogenen Wesenszüge, die einen Landschaftsraum bestimmen (1)" verstanden, wobei der Landschaftsraum ein mehr oder weniger homogener Teilraum der Geosphäre ist und sowohl Erscheinungsbild als auch Wirkungsgefüge umfaßt. Ein enger gefaßter Begriff der Landschaft, der im Sinne der "freien Landschaft" gebraucht wird, klammert kompakte Bebauung aus der genannten Bestimmung von "Landschaft" aus.

Der Landschaftsraum ist ein "Teilraum der Erdoberfläche (Geosphäre), der durch das Beziehungs- und Wirkungsgefüge der Landschaftselemente bzw. -faktoren, seine Struktur, seine Landschaftsgeschichte und sein Landschaftsbild gekennzeichnet ist und sich hierdurch von den ihn umgebenden Teilräumen der Erdoberfläche unterscheidet (2)".

Der kleinste Landschaftsraum ist der Ökotop, "eine von einheitlichem Gefüge der ökologischen Grundlagen erfüllte Raumeinheit (3)". Die nächst höhere Stufe ist das "Ökotopengefüge". (Unter diese Bezeichnung fallen z. B. die Isarauen)

---

(1) Krysmanski, R.: Die Nützlichkeit der Landschaft. Beiträge zur Raumplanung, Bd. 9, S. 117. Zentralinstitut für Raumplanung a. d. Universität Münster, 1971

(2) Buchwald, K.: Naturnahe und ihnen verwandte, vom Menschen mitgeschaffene Elemente der Kulturlandschaft. In: Handbuch für Landschaftspflege und Naturschutz, Bd. 2, S. 11 ff., Hrsg. Buchwald, K./Engelhardt, W. München, Basel, Wien 1968

(3) Berninger, O.: Die Landschaft u. ihre Elemente. In: Handbuch f. Landschaftspflege... a. a. O., Bd. 1, S. 71

Landschaftselemente: "Bauelemente der Landschaft mit raumbildenden und raumerfüllenden Eigenschaften, Landschaftsbildner (1)." (Gesteinsmantel, Bodenhülle, Gewässer, Pflanzendecke u. a.)

Landschaftsfaktoren: "Wirkende Kräfte im Wirkungsgefüge des Landschaftshaushaltes (2)." (Oberflächenformen, Gesteinsaufbau, Atmosphäre, Hydrosphäre, Pflanzen- und Tierwelt, menschliche Gesellschaft und ihre Werke)

Landschaftsstruktur: "... die stoffliche und formale Struktur, d. h. Größe, Formwelt, Farben, stoffliche Zusammensetzung, damit die innere und äußere Gliederung der Landschaft oder, anders ausgedrückt, die räumliche Ordnung der Landschaftselemente als Stoff- und Formbestandteile (3)."

Landschaftsbild: "Das optisch wahrnehmbare Erscheinungsbild der Landschaftsstruktur (physiognomische Erfassung der Landschaft) (4)

"Ist ein Landschaftsraum lediglich aufgrund der natürlichen Landschaftselemente gekennzeichnet und von den umgebenden Räumen abgegrenzt, so spricht man von natürlichen Landschaftsräumen oder Naturräumen (5)."

"Als 'naturnahe Kulturlandschaft' bezeichnen wir eine vom Menschen genutzte und gestaltete Landschaft, deren Pflanzendecke als Indikatur der Nutzungsintensität... noch einen hohen Flächenanteil naturnaher oder doch nur teilweise naturferner Gemeinschaften... enthält (6)."

---

(1 - 4) ders.: Planungsobjekt Landschaft. In: Handbuch... a. a. O., Bd. 4, S. 7 ff.

(5) ders.: Naturnahe und... a. a. O., S. 12 ff

(6) Westhoff, W.: Die Bedeutung naturnaher Elemente in der Kulturlandschaft. In: Handbuch für Landschaftspflege... a. a. O., Bd. 2, S. 14

## 5.2. Belastung des Naturhaushaltes

Das Gleichgewicht zwischen dem Landschaftspotential und den gesellschaftlichen Anforderungen wird in der Industriegesellschaft zum Problem, Ökosysteme werden gestört und Schäden im Naturhaushalt der Landschaft (Biosphäre) können kaum durch technische Maßnahmen unter Kontrolle gehalten werden.
Diese in Agglomerationen als "Verdichtungsschäden" auftretenden negativen Erscheinungen, die die Qualität des menschlichen Lebensraumes beeinträchtigen und das Potential natürlicher Ressourcen verbrauchen, können im Zusammenhang industrieller Produktion mit dem Begriff der "social costs" umschrieben werden. Diese Bezeichnung umfaßt alle direkten und indirekten Verluste, die Dritte oder die Allgemeinheit als Ergebnis einer betriebswirtschaftlichen Tätigkeit erleiden. Dabei kann es sich sowohl um Betriebe der privaten als auch der öffentlichen Wirtschaft handeln (1). Die Wertverluste der social costs müssen in den meisten Fällen von der Volkswirtschaft, der Gesamtgesellschaft getragen werden. Die bisher ungelöste Schwierigkeit besteht in der Quantifizierung der "Sozialkosten". Diese "können zum Ausdruck kommen:

  in einer Schädigung der menschlichen Gesundheit,
  in der Vernichtung oder Minderung von Eigentum,
  in der vorzeitigen Erschöpfung natürlicher Hilfsquellen,
  in einer Schädigung weniger greifbarer Werte." (2)

Die beiden letzten Punkte weisen hin auf die Frage nach der Beeinflussung der Landschaft, sowohl was ihre Ressourcen als auch was ihr Bild betrifft. Zum "Landschaftsverbrauch" nur ein Beispiel: Während des letzten Jahrzehnts ist in der BRD jährlich ein Verlust von

---

(1) Evers, H.: Social Costs. In: Handwörterbuch der Raumforschung und Raumordnung (s.o.), Sp. 2959 - 2968
(2) ebenda, Sp. 2960

260 qkm freier Landschaft (Wiesen, Felder, Heide, Moor, Wald und Wasserflächen) entstanden. BUCHWALD (1) führt aus, daß bereits 1/10 Westdeutschlands endgültig überbaut oder "durch Abfälle der Zivilisation wie Staub, Abgase und Lärm beeinflußt" ist.
Auf den Zusammenhang zwischen Funktion und Bild der Landschaft weist HABER (2) hin. Mit der funktional begründeten kleinparzelligen Aufgliederung der Landschaft in der Agrargesellschaft war ein biologischer Reichtum verbunden, der eine gegenseitige Regulierung der vielen Pflanzen und Tierarten erleichterte bzw. ermöglichte. Voraussetzung dieses ökologischen Gleichgewichts war eine Vielfalt von Lebensstätten und bestimmten Strukturen, z. B. Ufer, Raine, Waldränder u.s.w..
"Hinter dem Bild steckt also hier die Funktion, und es ist zu fragen, ob und wie diese bei Veränderung des Bildes aufrechterhalten werden kann (3)."

## 5.3. Das Landschaftsbild

Die Beziehung zwischen Landschaftsbild und Erholungswirksamkeit ist umstritten. Einen Versuch der Eingrenzung dieses Komplexes hat KIEMSTEDT unternommen (siehe Kap. 4.2.2.2.) und dabei einen "brauchbaren Landschaftsausschnitt" definiert.
Aus soziologischer Sicht bemerkt hierzu KRYSMANSKI (4):
"Die Beziehungen der Personen und Gruppen zum umgebenden Raum - dem noch 'naturnahen' und dem für sie gebau-

---

(1) Buchwald, K.: Die Zukunft des Menschen in der industriellen Gesellschaft u. in der Landschaft. S. 11, Braunschweig 1964
(2) Haber, W.: Grundsätze der Entwicklung u. Gestaltung des gesamten Lebensraumes. In: Probleme der Nutzung und Erhaltung der Biosphäre. Bericht über ein internationales Colloquium der Deutschen UNESCO - Kommission (Hrsg.) vom 17. - 18. 4. 1968, Köln 1969
(3) ebenda, S. 48
(4) Krysmanski, R.: Die Nützlichkeit... a. a. O., S. 22 - 23

ten Raum - liegen einmal im psychologischen Erlebnisbereich und zum anderen auf der Ebene seiner konkreten individuellen Raumerfahrung. Eine mentale Kongruenz besteht dann, wenn das Individuum über bestimmte räumliche Faktoren (... z. B. räumliche Ordnung einer Landschaft) Bezugspunkte zur eigenen Person herstellen kann (Personeneigenschaften, Wertsystem...)."
Nach BAHRDT (1) wird die Orientierung und Integration in unserer Gesellschaft "stets begleitet, bedingt und abgestützt durch räumliche Orientierung und praktische Beherrschung der verschiedenen räumlichen Umwelten". Beim Ansetzen dieses Maßstabes wird deutlich, daß es nicht genügt, die Landschaft als isolierten "Fluchtraum" anzusehen, der die von der gegenwärtigen Stadtstruktur nicht erfüllten Bedürfnisse aufzufangen hat.

"Das subjektive Erlebnis der Einheitlichkeit der Landschaft verlor angesichts der Folgen der Verstädterung seine reale Entsprechung. Ist die Einheitlichkeit der Landschaft zerstört, so bleibt nur noch Land, Gegend, freie Natur, Freifläche, Grün, unbegrenzt und offen (2)." Die das Industrieland überziehende Verstädterung hat den Gegensatz zwischen "Bebauung" und "offener Landschaft" aufgehoben und an seine Stelle fließende Übergänge gesetzt. Die "begriffliche Trennung der materiellen Umgebungen 'Stadt' und 'Landschaft' (3)" erweist sich als überholt. Auf dieser Ebene liegt auch der ästhetisch - emotionell motivierte Versuch, eine neue "Natürlichkeit" als Ersatz vergangener "Unberührtheit" der Natur herzustellen.

---

(1) Bahrdt, H. P.: Humaner Städtebau, Hamburg 1968, S. 112
(2) Krysmanski, R.: Bodenbezogenes Verhalten in der Industriegesellschaft. S. 9o ff. Materialien und Ergebnisse empirischer Sozialforschung. Bd. 2. Zentralinstitut für Raumplanung. Münster 1967
(3) dieselbe: Die Nützlichkeit der... a. a. O., S. 25

Die in der Industriegesellschaft noch in naturnahem Zustand erhaltenen (Rest-) Landschaftsräume werden zunehmend unter dem Gesichtspunkt ihrer sozialen Funktionen, als potentielle Erholungsräume, gesehen. Jedoch gibt es sehr unterschiedliche Auslegungen des Wortes "Freizeitlandschaft". (Auf die allgemeine Unsicherheit in der Definition von Freizeit und Erholung ist im vorigen Kapitel hingewiesen worden.) Aussagen darüber, welche Landschaftsfaktoren inwieweit der Erholung dienen, konnten bisher nicht eindeutig belegt werden (1). "Auf jeden Fall gehört zum vielstrapazierten 'Naturgenuß' und dem 'Landschaftserlebnis', dieser so deutlich propagierten 'Erholung in Stille und Einsamkeit', ein besonderes Verständnis eben dieser Qualitäten der Natur, das nicht einfach vorausgesetzt werden darf." (2) Mit dem Hinweis auf die Brauchbarkeit der Landschaft als Voraussetzung für eine Erholungswirkung der Natur und auf die fehlende Klarheit über die "Art der Inbesitznahme des landschaftlichen Raumes" und über "die ästhetische Erlebnisfähigkeit der Besucher (oder 'Landschaftskonsumenten')" kommt KRYSMANSKI zu dem Schluß: "Die Gleichsetzung von möglichst 'unberührter','leerer' Natur und 'idealer Erholungslandschaft' kann also kaum angenommen werden. In dem Nutzungszweck 'gesunde Erholung' setzen sich neben der immer noch wirksamen Vorstellung der Erholung von der Industriegesellschaft in dafür reservierten grünen Zwischenräumen der Gesellschaft gleichzeitig bestimmte ästhetische Maßstäbe der Landschaftsgestaltung fort, die dem Ideal der traditionell - bäuerlich genutzten Landschaft inzwischen einen positiven Eigenwert zumessen. Indem die ideel-

---

(1) Haber, W.: Grundsätze der Entwicklung... a. a. O., S. 66

(2) Krysmanski, R.: Die Nützlichkeit... a. a. O. S. 25

len Werte dieses Landschaftsideals... ständig reproduziert werden, verstellt man sich die Sicht für neue ästhetische 'Landschaftserlebnisse', die die industrialisierte Landschaft zu bieten hat." (1)
Hier beginnt die Schwierigkeit der Wertung ästhetischer Kategorien. "Zeitgemäße landschaftsarchitektonische Gestaltungsprinzipien können wohl in der Lage sein, auch einer weitgehend 'technisierten' Landschaft ästhetische Reize abzugewinnen und als qualitativ 'andere' Schönheit gegenüber der überlieferten ins Bewußtsein der Betrachter zu tragen." (2) Dieser allgemein formulierte Anspruch hat seine Berechtigung, nur ergeben sich bei seiner konkreten Umsetzung Probleme. Diese werden etwa am Beispiel der "flurbereinigten Traktorenlandschaft" sichtbar, wo die Meinungen stark auseinandergehen, ob eine solche Landschaft als ästhetisch bezeichnet werden kann und eine entsprechende Erholungswirksamkeit aufweist (3). Zumindest für die Gegenwart kann davon ausgegangen werden, daß von der Mehrzahl der Bevölkerung eine stark "technisierte" Landschaft nicht als ästhetisch empfunden wird, jedenfalls nicht in dem Maße, daß sie zu einem Erholungsaufenthalt anregen würde.

"Wie man die Natur oder Landschaft 'sieht', ist grundsätzlich abhängig von gesellschaftlichen Lernprozessen und somit veränderbar." (4) Mit Recht warnt KRYSMANSKI vor einer "Grünideologie", die die ästhetischen Gestaltungsprinzipien der traditionell - bäuerlich genutzten Landschaft nur konservieren will und den möglichst unberührten Urzustand als für den Betrachter allein befriedigend hinstellt (5).

---

(1) ebenda, S. 26
(2) ebenda, S. 44
(3) ISBARY z. B. spricht sich für die "flurbereinigte Traktorenlandschaft" aus. In: Der Landkreis, H. 4, S. 1o3, 1967
(4) Krysmanski, R.: Die Nützlichkeit... a. a. O., S. 11
(5) ebenda, S. 5o ff.

Eine Aufgabe der Zukunft liegt darin, eine Synthese zwischen alt hergebrachten und neuen Formen der Ästhetik zu finden. Dabei muß die Vermittlungsfunktion der "Reste der Vergangenheit" zwischen alten und neuen Denk- und Lebensweisen beachtet werden. Angesichts des Kollisionskurses der ökonomischen Interessen mit den Naturgütern "kann (der Landschaftsplaner) gar nicht anders, als sich den langfristigen kulturellen Werten des Lebensraumes mehr verpflichtet fühlen als den kurzfristigen Nutzwerten" (1).
Ein bemerkenswerter Ansatz für eine zeitgemäße Gestaltung von Erholungslandschaften, die das Landschaftsbild weder einseitig konservierend noch übertrieben "technisierend" behandelt, liegt in einer pragmatischen Landschaftsbewertung, die die Brauchbarkeit der Freiflächen berücksichtigt. So steht bei KIEMSTEDT (2) neben der Quantifizierung des "natürlichen" Angebotes der Landschaft gleichbedeutend der Bedarf und die Bewertung der "künstlichen" sogenannten Freizeitfolgeeinrichtungen.

Auch die ideologisierte pauschale Abwertung der städtischen Atmosphäre gegenüber der "gesunden Natur" ist gefährlich, weil sie eine Flucht in die "grünen Außenräume" bewirkt und Bestrebungen behindert, die die Entfremdung des Bürgers von seiner urbanen Umwelt aufzuheben suchen. "Solange im Erleben der Individuen 'Stadt' identisch ist mit totaler Nutzmaschinerie, wird ihr angeblicher Gegenpart 'Natur' zum Zeichen für 'organisches Leben', d. h. für freie persönliche Entfaltung. Das trifft teilweise zu, kann aber nicht so total gelten, wie die naturromantische Verklärung das vorgibt. Weder ist die Natur an sich besser, befreiender oder erholsamer, noch ist die Stadt unmenschlich." (3)

---

(1) Haber, W.: Grundsätze der Entwicklung... a. a. O., S. 46
(2) Kiemstedt, H.: Zur Bewertung... a. a. O.
(3) Lorenzer, A.: Städtebau: Funktionalismus und Sozialmontage? Zitiert bei Krysmanski, R.: Die Nützlichkeit.. a. a. O., S. 61

## Spezieller Teil

In diesem Teil der Arbeit soll auf der Basis der vorangegangenen grundsätzlichen Überlegungen und Begriffsbestimmungen die konkrete Situation des Untersuchungsraumes, d. h. sein bevölkerungspolitischer und infrastruktureller Bestand und seine voraussichtliche Entwicklung analysiert und daraus die Konsequenz für die Nutzung der Isarauen gezogen werden. Die vielfältigen flächenrelevanten Forderungen aus dem Untersuchungsraum an die Isarauen führen zu Zielkonflikten, die aufzuzeigen sind. Um diese Konflikte zu minimieren, muß eine übergeordnete Zielvorstellung für den Untersuchungsraum artikuliert sein, in der den Isarauen eine klare Funktion zugewiesen wird. Dabei steht die Frage zur Diskussion, ob für die Isarauen die Erholung als Primärnutzung anzusehen ist und, wenn ja, bis zu welchem Grad die Beeinträchtigung der Erholungsfunktion vertretbar erscheint.

## 6. Der Untersuchungsraum

Die Untersuchung bezieht sich auf einen weiteren und einen engeren Raum. Der erstere, im Folgenden kurz "Untersuchungsraum" genannt, umfaßt den Raum München - Freising im Bereich der Bandinfrastruktur zwischen beiden Städten. Die auf den engeren Raum bezogene Untersuchung bezieht sich direkt auf das potentielle Erholungsgebiet der Isarauen, also auf einen gegenüber dem Untersuchungsraum eingeschränkten Bereich.

### 6.1. Abgrenzung

Der Untersuchungsraum ist wie folgt abgegrenzt:
Im Norden: Nördlicher Stadtrand von Freising
Im Westen: Bahngleis München - Freising

Im Süden: Nördlicher Rand des kompakt besiedelten
        Stadtgebietes München - Freimann und die
        Bahnstrecke Unterföhring - Ismaning.
Im Osten: Die östliche Begrenzung des Landschafts-
        schutzgebietes Isarauen.
Der Raum erstreckt sich in seiner Nord - Süd Ausdehnung über etwa 30 km, wobei Freising die Spitze eines
fast gleichschenkligen spitzwinkligen Dreiecks mar-
kiert, dessen etwa 10 km lange Grundlinie die Münchner Stadtgrenze darstellt. Diese rein flächenmäßige
Abgrenzung muß bevölkerungspolitisch durch die Stadt
München ergänzt werden, und zwar um den Bevölkerungs-
teil, der im Einzugsbereich des "potentiellen Erholungsgebietes Isarauen" liegt. (Auf den Einzugsbereich und
die Erholungspotenz der Isarauen wird in Kap. 9 und 10
eingegangen)

Das Gebiet der Isarauen, der Teilraum der auf die Zielkonflikte hin zu untersuchen ist, deckt sich mit der
unter Landschaftsschutz stehenden Fläche (3530 ha) und
setzt sich zusammen aus:
1. dem Isarfluß,
2. den beiderseitigen Auwaldstreifen,
3. dem jenseits der Deiche sich anschließenden nicht
   periodisch überschwemmten Wald und
4. einem zusätzlichen im Osten und im Westen parallel
   zum Waldrand verlaufenden Bereich, der im Osten durch
   die Bundesstraße 11 begrenzt wird. (Nur in der Höhe
   Achering - Grüneck, Dietersheim - Garching und Ismaning - Unterföhring verschiebt sich die westliche
   Grenze in Richtung Fluß.)
Die räumliche Abgrenzung des Untersuchungsgebietes ist
provisorisch, d. h. nur im Hinblick auf die vorliegende
Fragestellung zu verstehen. Eine weitergehende Inter-
pretation der Grenzziehung würde sie willkürlich er-
scheinen lassen, weil in ihr wesentliche funktionale Beziehungen unberücksichtigt bleiben mußten.

Zur thematischen Abgrenzung: Gegenstand der Untersuchung ist primär nicht der Belastungsgrad des Naturraumes durch die verschiedenen Daseinsgrundfunktionen und seine Belastbarkeit. Dieser zweifellos wichtige Aspekt mußte im Rahmen dieser Arbeit ausgeklammert werden. Hier geht es um die gegenseitige Beeinträchtigung, die Zielkonflikte zwischen der Erholung einerseits und den anderen Daseinsgrundfunktionen andererseits. Jede dieser Funktionen kann, wie durch die Praxis bestätigt wird, am Gebiet der Isarauen bei entsprechendem technischem Aufwand lokalisiert werden, ohne daß dadurch das Naturhaushaltsgefüge zusammenbricht, etwa durch die Aufständerung einer Straße. Der empfindliche Punkt liegt nach der Meinung des Verfassers in dem Ausgleich der Nutzungen.

Deshalb ist das Ziel der Arbeit, herauszufinden, ob und inwieweit das Auengelände von seiner Naturausstattung und Lage her für die Erholungsfunktion prädestiniert ist und welche anderen Nutzungsformen diese Funktion beeinträchtigen oder völlig verhindern können. In diesem Zusammenhang tritt die Belastbarkeit des Naturraumes als sekundärer Aspekt insofern in die Überlegung mit ein, als sie zwar nicht die Qualität der Nutzungsfunktion zu bestimmen hat, aber der Quantität bestimmte Grenzen setzt.

## 6.2. Geographische Gegebenheiten

Die im Rahmen des Themas relevanten geographischen Eigenschaften des Untersuchungsraumes seien nach zwei Gesichtspunkten unterteilt:
a) Physiogeographische Raumbeschaffenheit
b) Anthropogeographische Rauminhalte
Es soll nur der augenblickliche Zustand in seinen prägendsten Erscheinungsformen dargestellt und nicht funktionale Verflechtungen aufgezeigt werden. Das ist Aufgabe späterer Kapitel. (Kap. 6.3. ff.)

Die Landschaft soll hauptsächlich nach einem Teilaspekt, der Physiognomie, betrachtet werden, und zwar im Hinblick auf ihre Bedeutung gegenüber der Erholungsfunktion. Die "Geofaktoren als Raumbildner und Raumerfüller" sind in die Kategorien "anorganisch", "vital" und "vorwiegend geistbestimmt" einteilbar und beziehen sich im Fall des Untersuchungsraumes auf eine Landschaft, in der alle drei Kategoriengruppen zusammenwirken und die somit als "Kulturlandschaft" zu bezeichnen ist (1).

### 6.2.1. Physiogeographische Raumbeschaffenheit

Naturräumlich gehört der Untersuchungsraum zur "Münchner Schotterebene" und in einem kleinen Teil nördlich Münchens zum "Unteren Isartal" (2). "Unterhalb von München fließt die Isar zunächst noch in einem Tal, das hier 10 - 15 m tief in die pleistozänen Niederterrassenschotter eingebettet liegt... Südlich von Freising... werden die holozänen Ablagerungen des Flusses von den Torfböden des Dachauer und Erdinger Mooses begleitet. Hier liegt die Isarau mehr oder weniger auf der Höhe des angrenzenden Geländes." (3) Das Isartal ist bei München noch 510 m über dem Meeresspiegel gelegen und fällt bis Freising auf 442 m ab. Parallel zur Isar verlaufen Terrassen, die aber nur eine geringe Höhendifferenz, selten mehr als 1 m, aufweisen (4).
Der Untersuchungsraum gliedert sich in Schotterterrassen, Niedermoore und Auen. Er ist durch ebenes Relief gekennzeichnet.

---

(1) Schultze, H. J.: Landschaft. In: Handwörterbuch der Raumforschung und Raumordnung (s. o.), Sp. 1827 - 1828
(2) Seibert, P.: Die Auenvegetation an der Isar nördlich von München und ihre Beeinflussung durch den Menschen. In: Landschaftspflege und Vegetationskunde, H. 3, München 1962
(3) ebenda, S. 10 ff.
(4) ebenda, S. 10 ff.

Auf die potentiell natürliche Vegetation des Untersuchungsgebietes und auf genauere geologische und bodenkundliche Verhältnisse wird nicht eingegangen, weil diese Infomationen den Kern der Themenstellung nicht berühren. Dagegen hat das Klima Aussagewert für die Erholungsnutzung. (siehe Kap. 1o)
Hydrologische Gegebenheiten sind nur zum Teil für die Untersuchung relevant. So spielen z. B. die Grundwasserverhältnisse für die Fragestellung des Themas keine Rolle, jedoch interessiert die optisch wirksame und für die Badenutzung bedeutsame Situation des Isarwassers. Diese kommt wegen ihres stark anthropogen beeinflußten Charakters in Kap. 11 zur Sprache.

Zusammenfassend kann gesagt werden, daß das Landschaftsbild des Untersuchungsgebietes außerhalb der Isarauen in seiner ebenen Oberflächengestalt und mit seinen nur sporadisch eingestreuten Baumgruppen oder kleinen Wäldern (Echinger Lohe) wenig Reize bietet, die als natürliche Voraussetzung für eine eventuelle Erholungsnutzung ausreichender Kapazität gewertet werden könnten.

### 6.2.2. Anthropogeographische Rauminhalte

Außerhalb der Isarauen erfährt die Landschaft des Untersuchungsraumes ihre stärkste anthropogene Prägung durch landwirtschaftliche Nutzung, durch Siedlungen, Industrieanlagen und Verkehrsadern.
Die neun Gemeinden des Untersuchungsraumes werden siedlungsmäßig in 25 Orte bzw. Ortsteile (ohne Dörfer unter 3oo Einw.) aufgeteilt, von denen 8 mehr als 3ooo Einwohner haben. Von den Ortschaften befinden sich alle außer Dietersheim, Hochbruck und Eching innerhalb eines Zirkelschlages von 2 km um bestehende oder geplante S- bzw. U- Bahnstationen.

Mehrere Industrieanlagen (z. B. Kieswerke, Fabriken) bilden Elemente in der Landschaft. Ansonsten wird (ausser durch die Ortschaften) das Landschaftsbild durch die landwirtschaftliche Nutzung (fast ausschließlich Ackerbau) beherrscht, wobei zwischen den relativ großflächig angelegten Feldern einzelne Bauernhöfe liegen.

Bestand an Verkehrslinien:
Autobahn: BAB München - Nürnberg
Bundesstraßen: B 11 München - Freising
              B 471 Oberschleißheim - Ismaning
              B 13 München - Lohhof
Staatsstraßen: Nr. 2342 Feldmoching - Lohhof
              Nr. 2053 München - Eching - Grüneck - Ismaning - Unterföhring
Bundesbahnlinie: München - Freising
Kreis- und Gemeindestraßen sind wegen ihrer untergeordneten Bedeutung nicht aufgeführt.
Die Verkehrswege werden optisch wirksam, indem sie als "raumzerschneidende" Linien Einfluß auf das Landschaftsbild nehmen, und geben Hinweise auf die bestehenden Voraussetzungen überörtlicher Erschließung des potentiellen Erholungsgebietes Isarauen.

Auch von den für die Landschaftsphysiognomie relevanten anthropogeographischen Rauminhalten kann zusammenfassend gesagt werden, daß sie in ihrer Anordnung und ihrem Charakter in keiner Weise günstige Bedingungen für eine großflächige Erholungsnutzung des Gebietes darstellen: Monotonie und Reizlosigkeit der natürlichen Gegebenheiten werden verstärkt durch die vom Menschen in die Landschaft gebauten Elemente.
Damit wird nicht die Möglichkeit in Frage gestellt, künstliche Erholungsflächen mit lokaler Bedeutung zwischen oder innerhalb von Siedlungen zu schaffen.

## 6.3. Lage der Isarauen im Gesamtraum

Um Aussagen über die Funktion eines Gebietes, hier der Isarauen, machen zu können, genügt nicht die Erfassung dieses Teilraumes und seiner unmittelbaren Nachbarschaft, sondern muß darüber hinaus die funktionale Verflechtung des Gesamtraumes und damit die dominierenden strukturellen Einflüsse beachtet werden. Nur auf diesem Weg läßt sich schließlich der auf die Isarauen **gerichtete bestehende und zu erwartende Bedarf feststellen**, der Voraussetzung für einen Nutzungsanspruch ist.

### 6.3.1. Lage zum Verdichtungsraum

Die untersuchten Isarauen sind dem Verdichtungsraum München direkt zugeordnet, genauer gesagt, sie schieben sich in ihrem südlichen Teil bis in den Verdichtungsraum vor und erstrecken sich von hier aus in nördlicher Richtung etwa 25 km weit. Besondere Bedeutung erhält dieser Sachverhalt dadurch, daß der Verdichtungsraum München als überlastet angesprochen werden muß. Trotz Fehlen verbindlicher Kriterien können folgende nur stichwortartig aufgezählten Erscheinungen als Hinweise auf die Tatsache der Überlastung bzw. auf eine ungesunde Einwohner - Arbeitsplatzdichte gelten (1):

1. Überhöhte bauliche Nutzung im Verhältnis zu den notwendigen Kommunikations- und Freiflächen.
2. Übersteigerte Boden- und Mietpreise und daraus resultierende enge Wohnverhältnisse.
3. Unangemessen hoher Zeitaufwand bei der Teilnahme am innerstädtischen Verkehr.

---

(1) Vergl. hierzu: Müller, Georg: Verdichtungsraum. a. a. O., Sp. 3542

4. Starke Belästigung und Gesundheitsgefährdung durch Lärm und Luftverschmutzung. (Belastete Biosphäre)
5. Mangelnde Erholungsflächen.

Vor allem die in den letzten beiden Punkten angesprochene Vernachlässigung vitaler Bedürfnisse des Menschen fordert Gegenmaßnahmen heraus, die teilweise auch in einem Ausgleich direkt am Rande des Verdichtungsraumes bestehen können in der Form, daß gut erreichbare attraktive Freiräume (siehe Kap. 4.2.3.) die Möglichkeit der Kompensation der erwähnten Mängel bieten. Darauf wird im 9. Kapitel näher eingegangen.

### 6.3.2. Lage zur Stadtregion

Die Zuordnung der Gemeinden des Untersuchungsraumes ist aus der graphischen Darstellung ersichtlich (S. 120).
Unter die Bezeichnung "Kernstadt" fällt das Verwaltungsgebiet der zentralen Stadtgemeinden.
Zum "Ergänzungsgebiet" gehören solche Gemeinden, die an die Kernstadt angrenzen und dieser "sowohl im Siedlungscharakter als auch in struktureller bzw. funktionaler Hinsicht ähneln".
Die "Verstädterte Zone" als Nahbereich der Umlandgemeinden ist gekennzeichnet durch aufgelockerte Siedlungsweise und eine Bevölkerung mit überwiegend gewerblicher Erwerbsstruktur. In diese Zone fällt der Hauptteil des Untersuchungsraumes.
Der "Randzone" werden die übrigen Umlandgemeinden zugeordnet. Der Anteil der landwirtschaftlichen Erwerbspersonen nimmt nach der Peripherie hin zu, erlangt jedoch nicht das Übergewicht. Es entsteht eine durch die Erwerbsstruktur bedingte Pendlerwanderung zum Kerngebiet (1).
Die Stadtregion München reicht bis an die Grenzen Freisings, das nach diesem Modell als "Subzentrum" oder "Trabant" angesehen wird, weil es die Bedingungen für das

---

(1) Boustedt, O.: Stadtregionen. a. a. O., Sp. 3207 ff

Kerngebiet erfüllt und in relativ starker Abhängigkeit zum "Oberzentrum" München steht (1).

Die Beziehung zur Stadtregion wird deswegen dargestellt, weil dieses Modell den funktionsgesellschaftlichen Verdichtungsprozeß im Stadtumland empirisch - quantitativ erfaßt: Die Verflechtung von Stadt und Umland und die damit zusammenhängende Erwerbsstruktur der Außenzonen, in die das potentielle Erholungsgebiet der Isarauen eingelagert ist. Zum Zweck des Modells äußert BOUSTEDT (2): "Das, was sich in den neuen Verstädterungsräumen, vor allem durch die Entwicklung städtischer Wohnsiedlungen, teilweise auch durch die Niederlassung städtischer Filial- und Nebenbetriebe und schließlich durch eine wirtschaftliche Transformation der ortsansässigen Landbevölkerung vollzog, war mehr und etwas anderes als die frühere Herausbildung von städtischen Vororten. Es entstand ein neues Siedlungsgebilde, in dem verschiedene Übergangsformen städtischen und ländlichen Daseins zu einer neuen Form der Stadt verschmolzen. Es entstanden Siedlungsräume städtischer Einwohner in ländlichen Gebieten, ohne daß diese sich in städtische Siedlungen umwandelten." Diese Beschreibung trifft genau die Situation des Untersuchungsraumes, aus der die Konsequenz für das Erholungsbedürfnis zu ziehen ist.

### 6.3.3. Lage zur Entwicklungsachse

Während das Modell der Stadtregion hauptsächlich als ein Instrument der Beobachtung bestehender Verhältnisse, also deskriptiv verwendet wird, kommt im Modell der Entwicklungsachsen und -schwerpunkte der programmatische Aspekt zum Tragen: die langfristig angestrebte Entwicklung.

---

(1) ebenda, Sp. 3237
(2) ebenda, Sp. 3207

Sowohl nach den Erhebungen und Vorstellungen von
ISTEL (1) als auch nach denen der Bayerischen Staatsregierung (2) liegen die Isarauen im Bereich einer
Entwicklungsachse zwischen München und Freising.
Die Entwicklungsachse München - Freising ist insofern
eine Sonderform, als sie innerhalb der Stadtregion
München liegt und als eine der sternförmig verlaufenden Achsen des Verdichtungsraumes hauptsächlich an
dem Nahschnellverkehrsmittel S - Bahn und, bis Garching, an der geplanten U - Bahn orientiert ist. Somit ist sie hier ein Strukturelement nach dem punkt -
achsialen Prinzip in der Tiefe des Ordnungsraumes.
(siehe Kap. 3.1.2.)

Die "gebündelte Bandinfrastruktur" der Entwicklungsachse ist in folgender Ausstattung des Untersuchungsraumes gegeben:
1. Vorfluter: Isar
2. Autobahn: BAB München - Nürnberg und (geplant) München - Deggendorf.
3. Bundesstraße: B 11, 13 und 471.
4. Elektrifizierte mehrspurige D - Zugstrecke: München - Regensburg.
5. Hochspannungsleitungen: München - Freising.
6. Wasser für Massenbedarf (Trink-, Industriewasser):
   Vorfluter und Grundwasserreservoir der Münchner Schotterebene.

Diese Ausstattung führt nach den ISTELschen Einteilungskriterien (3) zur Einstufung als überregionale Entwicklungsachse 2. Ordnung. Insgesamt ist eine Einteilung von
der ersten bis zur vierten Ordnung möglich. Demgegenüber
kennt die Bayerische Staatsregierung in ihrem Entwurf
nur die Einteilung der Entwicklungsachsen in zwei Ordnungen und charakterisiert den Raum zwischen München und
Freising als Entwicklungsachse 1. Ordnung.

---

(1) Istel, W.: Entwicklungsachsen und... a. a. O., Abb. 25
(2) Bayerische Staatsregierung: Programm Bayern II. a. a. O.
(3) Istel. W.: Entwicklungsachsen und... a. a. O., S. 26

ISTEL unterscheidet parallele und punktuelle Bündelung der Infrastruktur. Im Untersuchungsraum liegt eindeutig eine parallele gebündelte Bandinfrastruktur.vor. Damit ist hier "die Möglichkeit, bei fortschreitendem Kontraktionsprozeß weitere Entwicklungsschwerunkte dazwischenzulegen" (1), gegeben.

Ein Ort mit über 3ooo Einwohnern wird als "potentieller Entwicklungsschwerpunkt" bezeichnet (2). Allerdings müssen im Untersuchungsgebiet wegen der Bedingungen städtischer Verdichtung andere Anforderungen an die Bevölkerungsdichte gestellt werden. So kann man sich etwa an der geforderten Einwohnerzahl von 2oooo im Einzugsbereich von öffentlichen Nahschnellverkehrs - Haltepunkten orientieren (3). (Vergleiche hierzu die prognostizierte Bevölkerungsentwicklung in Kap. 6.4.)

Die bestehenden bzw. geplanten zehn Haltepunkte im Untersuchungsraum sind durchschnittlich 4,5 km voneinander entfernt.

Im Hinblick auf die Auslastung der Schnellverkehrsmittel liegt für den Untersuchungsraum die untere Grenze der anzustrebenden Bevölkerungszahl bei etwa 2ooooo Einwohnern. Nimmt man eine Besiedlung innerhalb eines maximalen Radius' von 1,5 km um die Haltepunkte an, so läßt sich eine Besiedlungsdichte von 2817 E/km errechnen. Dies entspricht laut WEINHEIMER (4) der mittleren Dichtestufung einer Ballung. Zur Bedeutung der öffentlichen Nahschnellverkehrsmittel ein Zitat von LEHNER (5), das sich für die Situation des Untersuchungsraumes anwenden läßt: "Um eine wirtschaftliche... Verkehrsbedienung sicherzustellen, sollten die radial auf die Kernstadt ausge-

---

(1) ebenda, S. 82
(2) ebenda, S. 69
(3) Vergl.: Regionale Aktionsprogramme 197o, BMWI - Texte, Hrsg. Referat Presse und Information des Bundesministerium für Wirtschaft, Bonn. Frankfurt/M. 1971
(4) Weinheimer, J.: Ballungen. Versuch zur Bestimmung... a. a. O. S. 146 - 15o
(5) Lehner, F.: Öffentlicher Personennahverkehr. In: Handwörterbuch der Raumforschung u. Raumordn. (s.o.) Sp. 2211

richteten Strecken der Schienenverkehrsmittel gleichzeitig die Achsen radialer Siedlungskorridore bilden. Auf diesen Achsen sollten sich zentrale Orte verschiedener Stufen, Wohnstädte und Wohnsiedlungen, gegebenenfalls auch wirtschaftliche Schwerpunkte, kettenförmig aufreihen. Dadurch wird die Bebauung bewußt längs der Verkehrsachsen konzentriert, die Zersiedlung der Landschaft eingedämmt und ein Verkehrsaufkommen geschaffen, das die Anlage oder den Ausbau schneller Verkehrsmittel hoher Kapazität rechtfertigt."

Welche Bevölkerungszahl im Sinne einer Maximalplanung für den Untersuchungsraum als optimal anzusehen ist, richtet sich jedoch auch noch nach anderen Kriterien, vor allem nach der ökologischen Tragfähigkeit, die hauptsächlich vom Wasserfaktor (Trinkwasser- und Vorflutverhältnisse), bestimmt wird. Da es hierüber für diesen Raum noch keine Grundlagenuntersuchung gibt, kann auch über die optimale Bevölkerungsdichte noch keine endgültige Aussage getroffen werden. Die Tatsache, daß der Untersuchungsraum im Bereich einer Entwicklungsachse liegt, ist deshalb im Rahmen dieses Themas von Bedeutung, weil damit die landesplanerische Zielvorstellung eines Infrastrukturausbaus verbunden ist, der das Entwicklungspotential des Gesamtraumes in dem betreffenden Gebiet zusammenzieht. Dadurch wird diesem Gebiet eine Entwicklung ermöglicht, die über die Voraussagen einer Trend - Extrapolation hinausgeht. Denn die Gültigkeit des Stetigkeitspostulates wird hier nicht nur wegen der allgemein festzustellenden Unberechenbarkeit marktwirtschaftlicher Gesetzmäßigkeiten aufgehoben, sondern auch durch eine Steuerung im Sinne "indikativer Planung" (1) ersetzt.

---
(1) Vergl. hierzu: Istel, W.: Entwicklungsachsen und...
    a. a. O., S. 17

Diese überörtliche Planung bezieht sich außer auf
die Konzentration des Entwicklungspotentials auch
auf den qualitativen Aspekt des (außerhalb des Marktes gesteuerten) Ausgleichs der Interessen, d. h.
auf die am gesamtgesellschaftlichen Bedürfnis orientierte Zuordnung der Daseinsgrundfunktionen.

### 6.4. Bevölkerungsentwicklung im Untersuchungsraum

Die Bevölkerungsentwicklung hängt eng mit der Lage
des Untersuchungsraumes innerhalb der Umlandzonen
Münchens zusammen. Im Bundesraumordnungsbericht 1972
heißt es zur Tendenz der Bevölkerungsentwicklung in
Abhängigkeit zu den Gebietskategorien: "Das höchste
Bevölkerunswachstum von 1961 bis 1970 weisen... die
zu Verdichtungsräumen gehörenden Landkreise auf." (1)
Damit verknüpft ist die Entwicklung des Infrastrukturausbaus, z. B. für Wohnen und Arbeiten: "Im Raum München, der mit Abstand von allen Verdichtungsräumen den
höchsten Bevölkerungszuwachs verzeichnete, wurde nach
wie vor am meisten von allen Verdichtungsräumen gebaut. Nicht nur der hohe Freizeitwert... (ist) dafür
maßgebend, sondern in letzter Zeit vor allem auch die
verstärkte Industrieansiedlung in den Umlandgemeinden."
(2) Differenzierend nach der Gemeindegröße heißt es
zur Entwicklung im Umland der Verdichtungsräume: "Die
bereits überdurchschnittliche Wohnungsbautätigkeit in
den Gemeinden mit 2000 bis 50000 Einwohnern dürfte sich..
weiter von den eigentlichen Zentren in die Außenbezirke verlagern, und zwar vornehmlich zu den Gemeinden
mit weniger als 20000 Einwohnern. Eine solche Tendenz der siedlungsstrukturellen Entwicklung ist überall dort raumordnungspolitisch problematisch, wo sie
sich nicht an Entwicklungsachsen und Entwicklungsschwerpunkten orientiert." (3)

---

(1) Raumordnungsbericht 1972 der Bundesregierung. a. a. O.,
S. 25

(2) ebenda, S. 41

(3) ebenda, S. 42

Alle Gemeinden des Untersuchungsraumes sind langfristig als "konstantwachsend" und kurzfristig als "stark wachsend" (d. h. 1961 - 68 um mindestens 15 %) zu beschreiben (1). Nach der Prognose des Planungsverbandes Äußerer Wirtschaftsraum München (2) von 1966, die als Trend - Extrapolation nur beschränkten Aussagewert hat (siehe Kap. 6.3.3.), entwickeln sich die Bevölkerungszahlen wie folgt:

| Gemeinde | 1965 | 1990 |
|---|---|---|
| Freising | 30000 | 45000 |
| Pulling | 1100 | 2000 |
| Neufahrn | 4000 | 13000 |
| Eching | 3000 | 12000 |
| Unterschleißheim | 6000 | 25000 |
| Oberschleißheim | 8000 | 12000 |
| Garching | 6600 | 35000 |
| Ismaning | 7000 | 12000 |
| Unterföhring | 3400 | 10000 |
| | 69100 | 166000 |

Der prognostizierte Gesamtzuwachs (ohne Stadt München) der Bevölkerung im Untersuchungsraum von 1965 bis 1990 beträgt also 96000 Einwohner. (Die Stadt München hat eine prognostizierte Bevölkerungsentwicklung von 1 210 000 (1965) auf 1 600 000 (1990), das ist ein Zuwachs von 390 000 Einwohnern)

Der an das Untersuchungsgebiet angrenzende Raum östlich der Isar und nördlich Ismaning wird in dieser Arbeit nicht berücksichtigt, weil er wegen seiner geringen Bevölkerungsdichte, landwirtschaftlichen Erwerbsstruktur und minimalen Entwicklungschancen keinen bemerkenswerten Einfluß auf die Situation der Isarauen hat, besonders hinsichtlich der Erholungsnachfrage.

---

(1) Vergl. hierzu: Istel, W.: Entwicklungsachsen und... a. a. O., Anhang 2

(2) Planungsverband Äußerer Wirtschaftsraum München: Schätzung der Erholungssuchenden zum Projekt Isarauen. Unveröffentlichter Umdruck, München 1966

Die Einwohnerentwicklung des verstädterten Nahbereiches der Isarauen ist deswegen von besonderem Aussagewert, weil der Bevölkerungszuwachs zusammen mit Kapital und Infrastruktur ein entscheidendes Entwicklungspotential darstellt (1) und Schlüsse auf die gegenwärtige und zukünftige Quantität der Erholungsnachfrage zuläßt.

---

(1) Affelt, D.: Raum- und siedlungsstrukturelle Arbeitsteilung als Grundprinzipien zur Verteilung des raumwirksamen Entwicklungspotentials. In: Structur, H. 9, 1972, S. 197 ff.

## 7. Gebaute Infrastruktur in den Isarauen

Bei der Darstellung der anthropogeographischen Gegebenheiten (Kap. 6.2.2.) wurde bereits knapp auf Wohnsiedlungen, Industriekörper und Einrichtungen des Straßen- und Schienenverkehrs hingewiesen. Die grobe Aufzählung dieser raumrelevanten Infrastruktur genügt im Rahmen des Themas für den Untersuchungsraum westlich der B 11, jedoch muß das Gebiet der Isarauen detaillierter auf gebaute Infrastruktur hin untersucht werden, sowohl was den Bestand als auch was die Vorhaben anbelangt (1).

### 7.1. Bestand

Raumrelevante Einrichtungen, die in diesem Kapitel ohne Wertung nur aufgezählt werden sollen, finden sich im Landschaftsschutzgebiet Isarauen als Ausstattung für die menschlichen Grundfunktionen des Wohnens, Arbeitens, der Verkehrsteilnahme und der Ver- und Entsorgung.

a) Wohnen:
   Siedlungsteile der Ortschaften Ismaning, Garching, Grüneck, Achering und Freising.

b) Arbeiten:
   Landwirtschaftliche Gebäude am Rande der oben genannten Ortschaften und einiger kleiner Dörfer an der Ostgrenze der Aue.
   Landwirtschaftliche Flächen entlang des Auenwaldes.
   Atomforschungsinstitute Garching.
   Kiesabbaugebiet nordöstlich der Grünecker Brücke.
   Pionierübungsplatz der Bundeswehr südlich Ismaning.

c) Verkehrsteilnahme:
   Forstwege
   Straßen: B 471 zwischen Ismaning und Garching und Staatsstraße 2053 bei Grüneck, beide die Isarauen quer durchschneidend.

---

(1) Zusammenstellung mit freundlicher Unterstützung durch Dipl. Ing. Weißgerber von der Bezirksplanungsstelle Oberbayern, München 1972

d) Ver- und Entsorgung:

   Elektrische Freileitungen:
   Leitung Ismaning - Garching (110 KV)
   Leitung Freimann - Freising (60 KV) rechts der Isar

   Klärwerke (zweistufig):
   Großlappen (offene Kanäle quer über die Isar)
   Ismaning
   Garching
   Eching/Neufahrn und in Bau befindliche Erweiterung

   Müllberg bei Großlappen
   (geschlossene) Mülldeponie Ismaning
   Mittlerer Isarkanal: Ableitung von 76,0 m$^3$/sec (bei Mittelwasserstand)

## 7.2. Planungen

Folgende konkrete Vorhaben von Gemeinden, Kreisen und Bund sollen in den nächsten Jahren innerhalb der Isarauen verwirklicht werden:

a) Arbeiten:
   Kiesabbaugebiet bei Grünecker Brücke (zukünftige Baustufen)
   Ausgewiesenes Hochschulgebiet Garching
   Erweiterung des Pionierübungsplatzes südlich Ismaning

b) Verkehrsteilnahme:
   Flugplatz München II (Flugschneisen zwischen Freising und Mintraching)
   Straßen:
   BAB München - Deggendorf (bei Achering/Pulling)
   Autobahnkreuzung (bei Achering)
   Flugplatzzubringerstraße (bei Grüneck/Achering)
   Neue B 11 (östliche Umgehung bei Mintraching und Garching)
   Neue B 471 mit Knotenpunkt (bei Garching)
   Autobahnring München - Nord (zwischen Ismaning und Unterföhring)
   Südliche Ringstraße (bei Freising)

c) Ver- und Entsorgung:

Elektrische Freileitung:

Leitung (22o/38o KV) südlich Dietersheim

Kläranlage:

Großklärwerk Dietersheim

Auch für die Erholung existiert eine Planung (1): Die erste Stufe des "Projekts für ein überörtliches Erholungsgebiet in den Isarauen zwischen München und Freising" bezieht sich auf das Gebiet westlich der Isar zwischen München - Freimann und Garching. Auf der Basis von Standortuntersuchungen und einer Bedarfsermittlung ist eine detaillierte Gestaltung der Isarauen, die Aufteilung in Intensiv- und Extensivzonen und eine entsprechende Planung der Erschließung und der notwendigen Baumaßnahmen vorgenommen worden. Die Realisierung ist von der Finanzierungsbereitschaft der öffentlichen Hand abhängig.

---

(1) Planungsverband Äußerer Wirtschaftsraum München: Isarauen, 1. Stufe: Teilprojekt westlich der Isar zwischen München - Freimann und Garching. München 1972

## 8. Zielvorstellungen für den Untersuchungsraum

Der Verdichtungsraum München gilt, wie erwähnt, als überlastet. Deshalb sucht man nach Konzeptionen, das innerhalb der BRD beispiellose Wachstum dieser Stadt einzudämmen und so zu dezentralisieren, daß gesunde Lebens- und Arbeitsbedingungen gewährleistet werden können.

Aus landesplanerischer Sicht ist ( in Kap. 5.3.3.) bereits auf die Konzeption der Entwicklungsachse München - Freising hingewiesen worden. Aus regionalplanerischer Sicht gibt es zwei Möglichkeiten für die Bewältigung des hauptsächlich im Außenraum der Region stattfindenden Wachstums durch Dezentralisierung:
Entweder der Verdichtungsraum dehnt sich mehr oder weniger gleichmäßig nach allen Seiten durch Verstärkung der zwölf Strahlen entlang der Nahschnellverkehrslinien aus, oder das Wachstum wird auf bestimmte Siedlungsschwerpunkte verteilt.
Gesichtspunkte einer gesunden Vitalsituation, besonders im Hinblick auf die Notwendigkeit ausreichender Freiräume, sprechen für die zweite Alternative. Es wird daher angestrebt, die monozentrische Solitärstadt München in eine polyzentrische Stadtstruktur zu überführen (1). Dabei werden ober-, mittel- und subzentrale Wachstumspole bzw. Entlastungsorte unterschieden. Die Ausweisung ist ein Anhaltspunkt für gezielte Infrastruktur - Investitionsplanung. Im Unter - suchungsraum ist Freising als Mittelzentrum und die Gemeinden Ober-, Unterschleißheim, Eching, Neufahrn, Garching und Ismaning als Siedlungsschwerpunkte vorgesehen. Die Ordnung dieser Verkehrs- und Entwicklungszentren soll nach dem punkt - achsialen Prinzip erfolgen (s. Kap. 3.1.2.).

---

(1) David, J.: Diskussionsbeitrag in einer Veranstaltung des "modern studio": Wachstum Münchens - Bedrohung für die Region? Freising, d. 18. 1. 73

Während gemäß "räumlicher Arbeitsteilung" südlich
Münchens vorwiegend die Funktion der Erholung die Entwicklungsrichtung bestimmt, eignet sich der Raum zwischen München und Freising besonders für die Aufnahme
von Industrie, Siedlung und Verkehr und bietet kaum
Möglichkeiten für die Erholung an. Die jährliche Häufigkeit des Besuches der Naherholungsziele in Gebieten
nördlich von München liegt (nach einer Analyse des Erholungsverhaltens der Münchener Bürger) bei nur 6,7 % (1).

Der Regionalentwicklungsplan München (2) schlägt ein
"Industrieband Nord" vor, weist jedoch gleichzeitig
die Isarauen als "überörtliche Erholungsfläche" aus.
Das ist die Konsequenz aus der Überlegung, daß man
bei jeder volkswirtschaftlich motivierten räumlichen
Funktionszuteilung für die Bevölkerung des betreffenden Raumes die Vorbedingungen einer ausreichenden Lebensqualität sichern muß. Das heißt, daß in einem Gebiet, das intensiv durch Baumaßnahmen in Anspruch genommen wird, nach den Worten von HABER (3) "besonders
sorgfältig landschaftsökologische Gegebenheiten beachtet werden müssen" und den Erholungsbedürfnissen
der Bevölkerung Rechnung zu tragen ist. Bei der Freihaltung ökologisch "gesunder" Ausgleichs- und Erholungsfreiräume von belastenden bzw. störenden Eingriffen kommt es zwangsläufig zu Zielkonflikten, zu
deren Ausgleich diese Arbeit beitragen soll.

Die Zielvorstellung der Bayerischen Staatsregierung
für den Untersuchungsraum ist im "Programm für
Bayern II (1970) und im "Programm Freizeit und Erholung" (1970) niedergelegt:

---

(1) Ruppert K./Maier, J.: Naherholungsraum und Naherholungsverkehr - Geographische Aspekte... a. a. O.
(2) Planungsverband Äußerer Wirtschaftsraum München. Regionalentwicklungsplan München, 1968
(3) Haber, W.: Diskussionsbeitrag zum Thema: Wachstum Münchens... a. a. O.

Wie schon erwähnt, liegt der Raum München – Freising im Bereich einer Entwicklungsachse 1. Ordnung. Dazu heißt es (1): "Mit dem Konzept der Entwicklungsachse will die Staatsregierung auch zur Ordnung von Ballungsgebieten beitragen." "Beim weiteren Ausbau der Entwicklungsachsen wird auf eine überörtliche Gliederung durch Grün-, Frei- und Erholungsflächen hingewirkt."

Das "Programm Freizeit und Erholung" nennt 35 Naherholungsgebiete in Bayern, von denen eins fast den gesamten Bereich München Nord bis nördlich von Freising darstellt und die Isarauen, die nördliche Münchner Schotterebene und das Tertiäre Hügelland bis Dachau – Nord in einem großen Gebiet zusammenfaßt. Diese sehr grobe und undifferenzierte Flächenausweisung läßt den unverbindlichen, pauschalisierenden und daher realitätsfremden Charakter des Programms deutlich werden.

Zu den Isarauen zwischen München und Freising wird ausgeführt: "Um die Attraktivität des Gebietes für die Naherholungssuchenden zu steigern, ist die Umgestaltung der Isarauen in ein parkähnliches Erholungsgelände – als Fortsetzung des Englischen Gartens – vorgesehen. In einem Amtsblatt (2), das Richtlinien zur Durchführung des Programms gibt, heißt es zur Motivation der Ausweisung von Naherholungsgebieten: "Das aus dem Verfassungsauftrag des Art. 141 Abs. 3 BV entwickelte Programm "Freizeit und Erholung" will allen Bürgern Gelegenheit zur Bewegung und nicht organisiertem Ausgleichssport in Verbindung mit dem Erlebnis der Natur bieten. Über diesen Verfassungsauftrag hinaus will es der Bevölkerung in Ballungsgebieten die Möglichkeiten der Naherholung in der freien Natur aufzeigen und schaffen helfen."

---

(1) Bayerisches Staatsministerium für Wirtschaft und Verkehr: Programm Bayern II a. a. O., S. 17
(2) Bayerisches Staatsministerium für Landesentwicklung und Umweltfragen: Amtsblatt Nr. 2, Jg. 2, München 1972, S. 13 ff.

Aus der Sicht der Münchner Stadtbewohner meint Staatsminister Streibl bei der Entgegennahme der Projektplanungen für ein "überörtliches Erholungsgebiet in den Isarauen" im Sommer 1972: "Das Bayerische Staatsministerium für Landesentwicklung und Umweltfragen betrachtet es als seine Aufgabe, den Norden Münchens als Erholungsgebiet attraktiver zu gestalten, um auf diese Weise nicht nur das Naherholungsangebot für die Münchner Bevölkerung zu erhöhen, sondern auch den Süden der Landeshauptstadt zu entlasten." (1)

Die dargelegten Zielvorstellungen und Absichtserklärungen müssen, um sich in konkreten Planungen und Maßnahmen niederschlagen zu können, fundiert werden, indem im Hinblick auf die Erholung Angebot und Nachfrage analysiert werden. Da eine optimale Vitalsituation das erklärte Anliegen aller Planungsträger ist, sollten die raumwirksamen Fachplanungen zu einer interdisziplinären Problemschau und integrierten Zielfindung gelangen. Angesichts der drängenden Entwicklung im Untersuchungsraum kann sogar von einem "Kooperationszwang" gesprochen werden.

---

(1) Streibl, M.: Vervielfältigtes Manuskript der Ansprache bei der Übergabe der Teilprojektplanung "Isarauen" durch den Verein zur Sicherstellung überörtlicher Erholungsgebiete in den Landkreisen um München e. V., München 1972

## 9. Anforderungen von Seiten der Erholung an den Untersuchungsraum

Die Nachfrage nach Erholungsmöglichkeiten ist sowohl qualitativ als auch quantitativ zu klären. Für beide Aspekte ist die Situation der Verdichtung im Untersuchungsraum entscheidend, sie beeinflußt den Anspruch auf die Art der Erholung, den zumutbaren Weg - Zeit Aufwand und die Zahl der potentiell Erholungssuchenden. Es wird besonders auf den Überlegungen des 4. und 5. Kapitels aufgebaut.

### 9.1. Qualitative Ansprüche

Die Tatsache, daß der Untersuchungsraum zur Stadtregion München gehört, weist sowohl auf die Dominanz städtischer Lebensformen hin als auch auf die mit der Verdichtung verbundenen Erscheinungen einer Beeinträchtigung der Vitalsituation. (Siehe hierzu auch die in Kap. 6.3.1. angesprochenen Überlastungserscheinungen)
Das Leben in der Stadt bzw. in ihren Randzonen erlaubt keine zwingenden Schlüsse auf ein bestimmtes Erholungsverhalten.
Man kann jedoch von der Annahme ausgehen, daß entsprechend dem menschlichen Kontrastbedürfnis, dem Bedürfnis nach Umweltwechsel, der Wunsch nach "naturnaher" Erholung in der Landschaft mit steigender Verdichtung des Wohnbereiches zunimmt. Erholung "in der Natur" bedeutet nach OLSEN der "Aufenthalt in einer historisch geformten Kulturlandschaft, die immerhin über eine mehr oder weniger ansprechende Ausstattung mit natürlichen Landschaftselementen wie Geländeform, Gewässer, Boden, Klima, Vegetation und Fauna verfügt". (1)

---

(1) Olsen, K. H.: Erholungswesen und Raumordnung. Forschungs- und Sitzungsberichte der Akademie für Raumforschung und Landesplanung. Bd. XXV, Hannover, 1963

Allerdings kann die "Hinwendung zur naturnahen Landschaft" nur als Tendenz und nicht als dominierender Anspruch gewertet werden. Die Argumente von Kapitel 4. und 5. weisen deutlich auf die Notwendigkeit eines vielseitigen Angebots hin.

Berücksichtigt man nur das Erholungsverhalten konsumptiven Charakters, den Drang nach ständiger Abwechslung und Bewegung, so spielt die Landschaft allein als austauschbarer Hintergrund für momentan bevorzugte Beschäftigungen eine Rolle, sie ist nicht mehr Besuchsziel, sondern nur noch Kulisse des Geschehens. CZINKI folgert aus dem verstärkt auf Betriebsamkeit ausgerichteten Erholungsverhalten: "Diese Erscheinung bedeutet, daß Landschaften, die früher um ihrer selbst willen aufgesucht wurden, zwar weiterhin einen Chancenvorsprung im Hinblick auf die Nachfrage aufweisen, aber für einen überdurchschnittlichen Erfolg doch gebaute, organisierte und nachfrageorientierte Einrichtungen benötigen. Grundsätzlich ist also jeder Ort und jede Lage zum Ausbau für die Erholung geeignet, jedoch sind die Startvoraussetzungen in abwechslungsreichen Gegenden günstiger." (1)
Diese Reduzierung natürlicher Landschaftselemente in ihrer Bedeutung für die Erholung auf einen "Chancenvorsprung" gegenüber "gebautem" Erholungsgelände erscheint dem Verfasser sehr zweifelhaft. Vor allem in dieser allgemeinen Formulierung kann diese Annahme kaum aufrechterhalten werden. Sie mag für bestimmte Situationen zutreffen, jedoch sollte, speziell auch für die Naherholung der Städter, der Grundsatz gelten, daß monostrukturierte Erholungsräume zu vermeiden sind.

---

(1) Czinki, L.: Zum Erholungsproblem der Ballungsräume. a. a. O., S. 155 ff

Selbst wenn das Verlangen nach "betriebsamer" und auf künstliche Elemente ausgerichteter Erholung klar dominiert, muß den entgegengesetzten Bedürfnissen der Minderheit Rechnung getragen werden. Ein weiterer Gesichtspunkt ist die naheliegende Vermutung, daß ein Großteil der Besucher auch bei einer Vorliebe für "laute" Erholung gelegentlich den Wunsch nach Kontakt mit der Natur, verbunden mit Ruhe und Vereinzelung verspürt.

Auch die (oft überstrapazierte) "Wohlfahrtswirkung" der "naturnahen" Erholung ist zu bedenken. Zwar ist in diesem Zusammenhang die für die Erholung ganz allgemein gültige Neigung zum sozial verpflichtungslosen Verhalten sicherlich bedeutsamer als die individuelle Beziehung zu den Elementen der Natur, jedoch kann die besinnliche Ruhe und das "Unbeobachtetsein" wesentlich zur Entspannung und Gesundung der im Alltagsstress durch Reizübersättigung beanspruchten Nerven beitragen. Demgegenüber hat sich in der "Massen - Erholung" bereits ein "sozialer Zwang zur Absolvierung statusbestimmter Freizeitaktivitäten" (1) herausgebildet.
Im Hinblick auf den vom Erholungssuchenden in "kommunikativen" Anlagen abverlangten "Rest repräsentativen Verhaltens" äußert KRYSMANSKI: "Die Wünsche der Städter nach Distanz vom Alltag, nach ungestörter Erholung, die von keinerlei verpflichtendem Tun, das sich gegen die Umwelt zu richten hat, unterbrochen wird, lassen sich 'in der freien Natur' durch einigermaßen geschickte Ortswahl, die den Mit - Wochenendfahrer ausklammert, noch realisieren." (2)
Die ungenügende Vitalsituation der Großstadt fordert eine Kompensation heraus. Dazu ist als gesundheitsfördernd neben der Lärmarmut auch die ungehinderte Sonneneinstrahlung und die staub- und giftfreie Luft zu rechnen.

---

(1) Krysmanski, R.: Die Nützlichkeit... a. a. O., S. 59
(2) dieselbe: Bodenbezogenes Verhalten... a. a. O., S. 9o f

AMELUNG (1) weist aus medizinischer Sicht auf die Bedeutung der naturnahen Umwelt auf den modernen Menschen hin: "Klima, Wetter, Wasser und Wald bergen in sich exakt wissenschaftlich faßbare Eigenschaften, die den menschlichen Wärmehaushalt, die vegetativen Regulationsmechanismen und damit die Herz- und Kreislauftätigkeit günstig beeinflussen können." Diese Landschaften bieten ferner "durch die Vermittlung lustbetonter Eindrücke mannigfache Möglichkeiten, das menschliche Seelenleben günstig zu beeinflussen, Funktionsstörungen im Organismus, die primär seelisch bedingt waren, aufzufangen und die Heilung selbst schwerer krankhafter Störungen anzubahnen".

Angesichts der zitierten Äußerung wird die Problematik deutlich, die in der Berücksichtigung von Befragungen oder von Beobachtungen liegt. Kann die Bevorzugung z. B. geräuschvoller Erholungsplätze allein maßgebend für den Planer sein, oder spielt hier nicht vielleicht das weitverbreitete Unvermögen, aus der gewohnten Hektik "auszusteigen", eine entscheidende Rolle? Ist das, was hier als Erholung angesehen wird, wirklich Erholung im Sinne einer Regeneration physischer und psychischer Kräfte? Inwieweit Erholungswünsche von unreflektierten Gewohnheiten bestimmt und von manipulierbaren Zeitströmungen geprägt sind, ist ein noch wenig erforschtes Gebiet der Psychologie und Soziologie.
Auch wenn sich nur ein geringer Prozentsatz der Erholungssuchenden für "stille" Erholung ausspricht, sollte sich der Planer nicht als gehorsamer Erfüllungsgehilfe der Mehrheit verstehen, sondern versuchen, nach zeitlos relevanten Kriterien die wirklichen menschlichen Bedürfnisse zu berücksichtigen. Die Frage, was in diesem Zusammenhang als "zeitlos" und "wirklich" eingestuft werden kann, ist wegen der noch unsicheren wissenschaftlichen Aussagen darüber vom Planer optimal nur

---

(1) Amelung, W.: Landschaft und Natur als Hilfe der heutigen Medizin zur Behandlung und Heilung von Zivilisationsschäden. In: Wald in der Raumordnung. Schriften der Evangelischen Akademie in Hessen und Nassau 66, Frankfurt 1966

über intersubjektive Wertsetzung zu entscheiden, die
noch am ehesten das Risiko einschränkt, die Planung,
die weit in Zukunft gerichtete Projekte betrifft, nach
opportunistischen Gesichtspunkten oder kurzfristigen
Interessen auszurichten.

Die Forderung nach Zonen für unterschiedliche Erholungsformen soll nicht heißen, daß diese in ihrer Ausstattung extrem gegensätzlich sind: Bestimmte Einrichtungen in den "naturnahen" Räumen, sogar starke Eingriffe in der Art einer bewußten Gestaltung müssen dem Charakter der Besinnung nicht zuwiderlaufen.
Eine wesentliche Konsequenz aus der Ausweisung von Räumen für "extensive Erholung" ist der (schon erwähnte) besonders hohe Flächenanspruch. Diese Erholungsform verlangt zusammenhängende relativ große Gebiete mit möglichst geringer optischer, akustischer und sonstiger Störung.
Die Verwirklichung dieses Bedarfs scheitert leicht am Anspruch anderer Nutzungsformen, die ihre Berechtigung deutlicher weil objektiv meßbar in ökonomischen Größen ausdrücken können.

Zusammenfassend kann als qualitative Erwartung an das potentielle Erholungsgebiet einmal die Aufteilung in Intensiv- und Extensivzonen für vielfältige Freizeitaktivitäten genannt werden, Räume für ungestörte "Vereinzelung" und andere für engeren Kontakt mit anderen Besuchern müssen vorgehalten und sowohl mit natürlichen Elementen als auch mit gebauten "Freizeitfolgeeinrichtungen" ausgestattet sein. Dabei sollten die natürlichen Landschaftselemente, weil sie nicht nur als Kulisse dienen, die Bewertungskriterien nach KIEMSTEDT in ausreichendem Maße erfüllen: Sie müssen nicht nur bestimmten ästhetischen Anforderungen genügen, sondern auch in ihrer Benutzbarkeit für die Erholung geeignet sein.
"Erholung ist nicht ein Element der Lebensführung, das beliebig hinzugenommen werden kann, wenn die anderen Lebensbereiche Platz lassen. Sie ist vielmehr die ursächlich

den anderen Lebensbereichen zugeordnete Kehrseite, eine unabdingbare Notwendigkeit, die sich spiegelbildlich in dem Maße verändert, in dem die allgemeinen Lebensbedingungen Kräfte, Leistungsvermögen, schlechthin die Lebensfülle mehr oder weniger beeinträchtigen oder belasten." (1)

### 9.2. Quantifizierbare Ansprüche

Mit "quantifizierbar" sind die Ansprüche gemeint, die sich nicht mehr vorwiegend im Bereich subjektiver Wertung bewegen, sondern mit objektiven Daten und Massen zu belegen sind, die allerdings unterschiedlich interpretierbar sind.

### 9.2.1. Die Beziehung zwischen Bevölkerungszahl und Erholungsflächen - Angebot

Das Erholungsbedürfnis des Menschen ist als objektiv gegeben anerkannt. Man kann also von der Bevölkerungszahl eines Bereiches Schlüsse auf die Größenordnung des erforderlichen Angebots an Erholungsflächen ziehen. So gibt es Berechnungen, die eine bestimmte Fläche pro Einwohner für Erholungsaktivitäten festlegen; z. B. geht SCHOLZ (2) für den städtischen Bereich von einem erwünschten Daseinsraum von 250 $m^2$/E aus, in dem der Erfahrungsmittelwert von 20 - 30 $m^2$ für öffentliche Grünflächen enthalten ist.
In der Schweiz wird der Erholungsflächenbedarf im Nahbereich von Siedlungen für 100 000 Einwohner mit 2000 ha angegeben (3).

---

(1) Bloch, A.: Die unterschiedlichen Ansprüche... a. a. O., S. 77 ff.
(2) Scholz, H.: Erfahrungsziffern, Faustzahlen und Kompositionsregeln... a. a. O., S. 148 - 150
(3) Arbeitsgruppe Landschaft: Erholung und Fremdenverkehr. Veröffentlichtes Manuskript, hrsg. vom ORL - Institut der ETH Zürich, 1968

Diese Richtwerte sind insofern problematisch, als
sie nicht nach der Art der Erholung unterscheiden, also
auch nicht nach intensiver und extensiver Nutzung.

Ganz allgemein gilt die Feststellung, daß der quantitative wie auch der qualitative Bedarf der Zukunft nicht zuverlässig prognostizierbar ist. In der Freiflächenplanung wird dies durch den Umstand verschärft, daß sich empirische Untersuchungen zur Frage "naturnah" verbrachter Freizeit bisher mehr mit der Motivforschung befaßten als mit der Umsetzung der qualitativen Merkmale in quantitative.
KRYSMANSKI weist noch auf eine grundsätzliche Schwierigkeit hin, die sich aus der Existenz zweier Formen der Nachfrage ergibt: der "effektiven Nachfrage, die sich am existenten Bedarf bzw. den gerade vorherrschenden Präferenzen orientiert", und der latenten Nachfrage (1).
In diesem Sinne äußert sich auch BLOCH: "Es ist zu beachten, daß trotz einer objektiven Notwendigkeit der Erholung nicht unbedingt auch ein Erholungsbedürfnis entwickelt ist. Da die Notwendigkeit der Erholung unabhängig von dem Bedürfnis gegeben und damit öffentlich bereits von Bedeutung ist, kann bei der Bestimmung der Raumansprüche der Erholung nicht nur das jeweils entwickelte Erholungsbedürfnis als Bezugsbasis gesehen werden. Raumansprüche der Erholung sind von den Belastungen des Menschen und der Notwendigkeit des Ausgleichs her zu bestimmen und auch zu werten." (2)
Es gibt noch kein überzeugendes Verfahren, zu brauchbaren Prognosen auch des latenten Bedarfs zu kommen (3).
Es bestehen dennoch Versuche, verbindliche Richtwerte zu finden. Die Möglichkeiten dafür faßt LENDHOLT in folgender (gekürzter) Tabelle zusammen: (4)

---

(1) Burton, T. L.: und Noad, P. A.: zitiert bei Krysmanski, R.: Die Nützlichkeit... a. a. O., S. 125

(2) Bloch, A.: Die unterschiedlichen Ansprüche... a. a. O, S.75

(3) Burton, T. L. und Noad, P. A.: a. a. O., S. 126

(4) Lendholt, W.: Über die Problematik städtebaulicher Richtwerte für Grün- u. Freiflächen. In: Grünflächen in der Stadtregion, hrsgg. von der Landesgruppe Niedersachsen/Bremen der Deutschen Akademie f. Städtebau und Landesplanung, Hannover 1964

Möglichkeiten für die Festlegung städtebaulicher Richtwerte für Grün- und Freiflächen:

| Arten von Grün- und Freiflächen | untere Schwellenwerte | Optimalwerte | Ermittlung der Werte | Allgem. Anerkennung i. S. normativer Werte |
|---|---|---|---|---|
| | + zweckmäßig<br>- unzweckmäßig | | + sehr schwierig<br>0 schwierig<br>- leicht | + gut<br>0 mäßig<br>- gering |
| 1. Landschaftsteile:<br>vorwiegend land- und forstwirtschaftlich genutzte Freifläche | + (1) | - | - (1) | + (1) |
| vorwiegend der Erholung dienende Landschaftsteile | + | - | + | 0 |
| 2. Allgemeine Grünflächen: Parks, Stadtgärten, Grünverbindungen | + | - | + | 0 |

(1) im Sinne fachtechnischer Daten für das Einzelobjekt

Einen Weg, auf dem die "Faustzahlen" nicht über eine
Bedarfsermittlung, sondern über Belastungsgrenzwerte
für verschiedene Freizeitnutzungen in der Landschaft bestimmt werden, hat OLSCHOWY (1) eingeschlagen: Je nach
Intensität der Erschließung von Wäldern und dem Grad ihrer Umwandlung in parkartige Bestände kann die optimale
Aufnahmefähigkeit bis auf 100 Personen /ha ansteigen.
Für die sogenannte stille Erholung im Wald wird eine
durchschnittliche Kapazität von 25 P/ha angenommen.
CZINKI (2) hat einen groben Schätzwert von etwa 1000 qm
für die Landschaft und 100 qm für Konzentrationsbereiche pro Besucher in einem Gutachten verwandt, aus
dem die Tabelle auf S. 120/121 stammt.

## 9.2.2. Zur Zahl der potentiell Erholungssuchenden

Mit allen erwähnten Vorbehalten gegenüber einer unkritischen Zahlenauswertung sei eine Aussage über die potentiell Erholungssuchenden in den Isarauen zitiert. (die im
Zusammenhang mit den zitierten Richtwerten relevante
Bevölkerungszahl des Untersuchungsraumes ist im Kap. 6.4.
genannt.) Nach den Schätzungen des Planungsverbandes
Äußerer Wirtschaftsraum München (3) kommen für die Naherholung in den Isarauen für das Jahr 1990 mindestens
100 000 Besucher in Betracht. Diese Angabe wurde aus der
prognostizierten Bevölkerungszahl der Gemeinden, die im
Bereich eines für die Naherholung zumutbaren Weg - Zeit
Aufwandes zur Erreichung der Isarauen liegen, und aus
einer Klassifizierung dieser Gemeinden, u. a. nach Entfernung, Verkehrsverbindung, Erholungsalternativen und
Wohnqualität, gewonnen, wobei unterstellt wurde, daß
nur 30 % der Naherholungssuchenden Interesse für die
Isarauen zeigen.

---

(1) Olschowy, G.: Zur Belastung der Landschaft. In: Schriftenreihe für Landschaftspflege und Naturschutz, H. 4, Hiltrup 1969
(2) Czinki, L.: Voraussichtlicher Bedarf an Erholungsflächen und ihre Standorte in NRW. Agrar- und Hydrotechnik GmbH, Essen 1970
(3) Vergleich hierzu: Lamey, U.: Isarauen - Erholung für alle, ein Planungsziel. In: Isarauen, Teilprojekt, a. a. O., S. 7

Siehe die Tabellen Seite 120 und 121

Für die Ermittlung der potentiellen Besucherzahl ist auch
eine Untersuchung interessant, die sich auf das "Quell-
gebiet" Raum München bezieht, jedoch nicht speziell auf
das "Zielgebiet" Isarauen (1):
Die Auswertung einer repräsentativen Stichprobenerhe-
bung brachte u.a. die Ergebnisse, daß
1. 89 % aller Haushalte im Sommer an der Naherholung
   (Garten, Park, außerstädtische Erholungsgebiete) teil-
   nehmen,
2. 4o % aller Haushalte zwischen 3o und loo km weit fahren,
3. nur 2o % der Naherholungssuchenden unter der 3o km -
   Grenze bleiben,
4. 7,7 % der Naherholungssuchenden eine Aufenthaltsdauer
   von bis zu 3 Stunden und
5. 3o,4 % eine Aufenthaltsdauer von 3 bis 6 Stunden bevorzugen.

## 9.2.3. Der Einzugsbereich der Isarauen

In den zitierten Untersuchungen ist auch das Kriterium der
Erreichbarkeit enthalten. Die Zeit - Raum Entfernung
begrenzt die Nutzungsmöglichkeit für den Untersuchungsraum
(s. auch Kap. 4.2.2.2.).
Der Radius um ein Erholungsgebiet, der den zumutbaren
Weg - Zeit Aufwand angibt, hängt davon ab, ob es sich um
ein Gebiet lokaler, überörtlicher oder überregionaler Bedeutung handelt. Diese Klassifizierung ergibt sich aus der
Dimensionierung und der Attraktivität.
Bei den Isarauen zwischen München und Freising handelt
es sich um die Kategorien 3 und 4 nach der Einteilung in
Kap. 4.2.3.: Freifläche direkt an städtischer Verdichtung gelegen und der Stadt zugeordneter ländlicher Raum.
Der durch die Anziehungskraft des Erholungsraumes grob
vorbestimmte Radius der zumutbaren Entfernung zur Wohnung
variiert im einzelnen nach der Zeit des Verkehrsvorganges
bzw. nach Mobilität und Verkehrsausstattung.

---

(1) Ruppert,K./Maier,J.: Der Naherholungsraum einer Groß-
    stadtbevölkerung, dargestellt am Beispiel Münchens.
    In: Informationen, H. 2, München 1969, S. 37 - 42

An dieser Stelle seien nochmals die empirischen Untersuchungen GLEICHMANNs (1) zitiert, nach denen sich die Tageserholung hauptsächlich in dem Bereich einer 15 Minuten - Entfernung von der Wohnung abspielt: Dieser Zeitaufwand entspricht einem Radius von 1 bis 1,5 km ("Kinderwagenentfernung") für den Fußgänger, etwa 3 km für den Radfahrer, 12 km für den Autobesitzer und 6 - 8 km für den Benutzer öffentlicher Nahverkehrsmittel (2).

Der Wochenenderholung wird von RUPPERT/MAIER (3) auf Grund von Befragungen ein Radius von weit über 5o km zugeordnet, jedoch ist diese Größe nicht auf den Untersuchungsraum übertragbar. Die Isarauen kommen nur mit Einschränkungen für die Wochenenderholung in Frage, weil sie den Konkurrenzangeboten der weiteren Umgebung nicht gewachsen sein können. RUPPERT und MAIER (4) sprechen für Halbtagesfahrten von einem Aktionsradius von 6o - 9o km und für Ganztagesfahrten von einem 6o - 9o km - Aktionsradius. Damit treten gegenüber den Isarauen folgende Räume in eine erdrückende Konkurrenz:
Im Norden: Schichtstufenlandschaft der Fränkischen Alb
    mit dem Altmühltal und Bayerischer Wald.
Im Süden : Alpen und Alpenvorland u. a. mit Vierseengebiet.
Im Osten : Staatsforsten, Chiemseegebiet, Salzburger Land.
Im Westen: Allgäu.
Bei der geschilderten Konkurrenzintensität kann man für das Erholungsgebiet zwischen München und Freising (immer eine entsprechende Erschließung und Gestaltung vorausgesetzt) einen maximalen Radius von 3o km für Ganztags- und Wochenenderholung annehmen. Das entspricht etwa einem Zeitaufwand von 3o Minuten. (vergl. hierzu den "Bewegungsraum" nach WEINHEIMER)

---

(1) Gleichmann P.: Sozialwissenschaftliche Aspekte... a. a. O.
(2) Vergl. hierzu u.a. Czinki, L./Zühlke, W.: Erholung u. Regionalplanung, a. a. O., S. 16o ff.
(3) Ruppert, K./Maier, J.: Zur Geographie des Freizeitverhaltens. a. a. O.
(4) ebenda.

Bei diesem Einzugsbereich ist analog einer Hamburger Untersuchung (1) mit einer "Erholungsnachfrage hoher Distanzempfindlichkeit" und mit einer "dispersen Lokalisation" der Zielpunkte zu rechnen.

Der für den kurzfristigen Erholungsaufenthalt (von etwa 1 - 3 Stunden) ermittelte "15 Minuten - Radius" bedeutet für die Isarauen, daß außer den nördlichen Stadtteilen von München und der Stadt Freising die Ortschaften Unterföhring, Ismaning, Dirnismaning, Garching, Dietersheim, Grüneck und Achering für Fußgänger und der gesamte übrige Untersuchungsraum für Rad- und Autofahrer als Einzugsbereich des potentiellen Erholungsgebietes anzusehen sind.

Auch im Falle der kurzfristigen Tageserholung beeinflußt das "Konkurrenzangebot" die Zahl der "potentiell Interessierten" im Einzugsbereich des Erholungsgebietes. Allerdings ist dieser Faktor bei den untersuchten Verhältnissen zu vernachlässigen, weil
1. die Nachfrage bei weitem das Angebot übersteigt und
2. die Gebiete, die als "Konkurrenz" in Frage kämen (Kiesbaggerweiher, Schleißheimer Forst, Rand des Tertiären Hügellandes, Erdinger und Freisinger Moos, Echinger Lohe, Ampertal) wegen ihrer Dimensionierung und andersartigen Ausstattung eher als "Ergänzungsangebot" zu betrachten sind.

## 9.3. Zusammenfassung der Anforderungen

Nach der Ermittlung der potentiell Erholungsuchenden ergaben sich Anforderungen an die Isarauen, wie sie ganz allgemein für die Erholungsnutzung von Freiräumen gelten, die direkt an städtischer Verdichtung gelegen sind und auch noch den der Stadt (bzw. ihrem verdichteten Umland) zugeordneten ländlichen Raum einbeziehen:

---

(1) Albrecht, I.: Untersuchungen zum Wochenendverkehr der Hamburger Bevölkerung. Gutachten durchgeführt im Institut für Verkehrswissenschaft der Universität Hamburg 1967, S. 128

1. Genügende Ausstattung mit "natürlichen Elementen" (nach KIEMSTEDT)
2. Ausreichende Ausstattung mit "Freizeitfolgeeinrichtungen" (Dienstleistung) und innerer Erschließung.
3. Quantitativ und qualitativ reiches Angebot an Freizeitaktivitäten. (Extensiv- und Intensivnutzung geeigneter Zonen)
4. Gute "äußere Erschließung" durch Anschluß an die Bandinfrastruktur für öffentlichen und privaten Verkehr.
5. Einrichtungen zur Bewältigung von Nachfragespitzen bei zusammenhängendem Zeitbudget: Verteilendes Wegesystem und Flächen für den ruhenden Verkehr mit ausreichender Kapazität.

## 1o. Eignung der Isarauen für die Erholung

Können die Isarauen den aufgezeigten Ansprüchen genügen und damit als "potentielles Erholungsgebiet" bezeichnet werden? Obwohl von Seiten der Kommunen (Regionalentwicklungsplan des Planungsverbandes Äußerer Wirtschaftsraum) und der Staatsregierung (Programm Freizeit und Erholung) die Eignung der Isarauen für die Erholung schon anerkannt ist, was in der Bezeichnung "Überörtliches Erholungsgebiet" bzw. "Naherholungsgebiet" zum Ausdruck kommt, soll dieser Frage nachgegangen werden.

"Die Erholungseignung (von Landschaftsräumen) wird bestimmt durch den Bestand an erholungswirksamen natürlichen und menschlich bedingten Landschaftselementen, durch Lage und Erschließung sowie durch spezielle Erholungseinrichtungen." (1)
Die "Lage"wurde bereits in ihren Konsequenzen dargestellt. "Erschließung" und "spezielle Erholungseinrichtungen" sind einer entsprechenden Planung bzw. Ausführung vorbehalten und werden deshalb bei der Beantwortung der anstehenden Frage als gegeben vorausgesetzt.
Von den aufgezählten Kriterien der Erholungseignung können also nur die "natürlichen und menschlich bedingten Landschaftselemente" auf ihre Erholungswirksamkeit hin betrachtet werden.
Die Beeinträchtigung der Erholungseignung durch andere Nutzungen (industrie-, verkehrs-, wassertechnische Anlagen usw.) wird in diesem Kapitel ausgeklammert.

Für die Beurteilung der natürlichen Ausstattung sollen die (schon in Kap. 4.2.2.2. angesprochenen) Bewertungsmerkmale von KIEMSTEDT (2) herangezogen werden:

---

(1) Buchwald, K.: Begriffe der Landschaftsplanung. Forschungs- und Sitzungsberichte der Akademie für Raumforschung und Landespflege, Hannover 1969

(2) Kiemstedt, H.: Die Landschaftsbewertung als... a. a. O.

Waldränder und Hecken,
die Ufer stehender und fließender Gewässer,
Nutzungsarten in der Landschaft (Wald, Acker, Heide u.a.),
Relief,
Klima.

Die Landschaftselemente "freies Land", Waldbestände und Wasser sind zwar in ausreichendem Maße vorhanden, jedoch in einem Rohzustand, der erfahrungsgemäß für die Mehrzahl der potentiellen Besucher wenig anziehend ist. (Vergleiche hierzu die sporadische Erholungsnutzung der Isarauen in der Gegenwart) Deshalb soll die natürliche Ausstattung nicht in ihrer jetzigen, sondern in einer gestalteten Form auf ihre Erholungswirksamkeit hin geprüft werden.
Dafür dienen die vom Planungsteam des Teilprojekts Isarauen entwickelten Vorstellungen als Grundlage: "Breite Wiesentäler werden von verdichteten Waldbeständen abgelöst. Durch kulissenartige Pflanzungen ergibt sich eine erlebnisreiche Raumtiefe mit Sichtschneisen... Dichter Mischwald und lichte Kiefernbestände... umsäumen Wiesen und savannenartige Freiflächen. Weiherketten, größere Wasserflächen, schnell fließende Bäche und Ausblicke, in die anschließende freie Feldflur demonstrieren den vielfältigen Landschaftscharakter... Der Aushub für die Wasserflächen dient... zur Modellierung der angrenzenden Umgebung..." (1)

In dieser Vision ist der "Randeffekt" (Waldrand, Ufer) stark betont, auch die Nutzungsarten (am Rande des Auengebietes Landwirtschaft) kommen dem Landschaftsbild entgegen. Die Reliefenergie tritt kaum in Erscheinung.
Die Gestaltung berücksichtigt nicht nur die genannten Faktoren als Träger sinnlicher Eindrücke, sondern auch in ihrer Benutzbarkeit: z. B. Wiesen zum Liegen und Spielen und Weiher zum Baden.

---

(1) Planungsverband Äußerer Wirtschaftsraum München: Teilprojekt Isarauen, a. a. O., S. 11

Allerdings wird die Isar selbst wegen ihrer geringen Wasserführung und ihrer schlechten Wasserqualität nur als "Sekundärelement" (1) in die Gestaltung einbezogen. Das bedeutet eine Einschränkung der Attraktivität sowohl was das Erscheinungsbild als auch was die Badenutzung betrifft. Darauf wird in Kap. 11 näher eingegangen.

Zum Klima seien hier nur solche Fakten genannt, die einen Unterschied zwischen den Isarauen und ihrer Umgebung erkennen lassen:
1. Ausgleich der Temperatur. "Im Bestand bleibt es tags merklich kühler und nachts merklich wärmer als im Freien." (2)
2. Größere Luftruhe.
3. Reinheit der Luft durch Ausfilterung des Staubes.
4. Lichtungen können je nach Größe zu besonders warmen Flecken oder zu Frostlöchern werden (3).
5. Höhere relative Luftfeuchte. Damit ist eine erhöhte Zahl der Schwülestunden verbunden.
6. Vermehrte Nebelhäufigkeit (vergleichbar mit dem östlich angrenzenden Moor)

Diese Aufzählung beinhaltet sowohl positive als auch negative Aspekte zur Erholungseignung.
Grundsätzlich sei an dieser Stelle auf die Dominanz des Wetters als Determinante des Erholungsbedürfnisses im Freien hingewiesen, die aber so gleich bedeutsam für Erholungsgebiete ist, daß diesem Gesichtspunkt hier nicht weiter nachgegangen zu werden braucht.

Zusammenfassend kann gesagt werden, daß die natürlichen und menschlich bedingten Landschaftselemente der Isarauen, wenn auch nach subjektiven, so doch nach allgemein vor-

---

(1) ebenda, S. 16
(2) Eimern, J.: Kleiner Leitfaden der Wetterkunde. S. 97, Stuttgart 1960
(3) ebenda, S. 98

herrschenden Beurteilungskriterien als für die Erholung gut geeignet eingestuft werden müssen, trotz einiger Faktoren, die ihre Attraktivität einschränken. Im Folgenden wird als Konsequenz aus dem aufgezeigten Erholungsflächenbedarf des Untersuchungsraumes, der Erholungseignung der Isarauen und den sowohl von offizieller als auch von wissenschaftlicher Seite entwickelten Zielvorstellungen für die Isarauen München - Freising die Erholung als Primärnutzung betrachtet.

## 11. Zielkonflikte der Erholung mit den anderen Daseinsgrundfunktionen

Es wurde bereits festgestellt, daß über den Markt allein die Grundbedürfnisse des Menschen nicht erfüllt werden können. Nach ISENBERG (1) ist "... die zerrissene Landschaft am Rande unserer Großstädte... ein anschaulicher Beweis dafür, daß das freie Spiel der Kräfte nicht ausreicht, um die Ansprüche an den Boden befriedigend auszugleichen."
Wenn die Gesetzmäßigkeiten des marktwirtschaftlichen Systems die gesellschaftlichen Investitionen nicht in die optimale Reichtung lenken, müssen übergeordnete, d.h. nur dem Interesse der Allgemeinheit verpflichtete Zielvorstellungen als Leitlinie den ungesteuerten Entwicklungen bestimmend gegenübertreten. An diesen haben sich die divergierenden Ziele der verschiedenen Interessengruppen in der pluralisitschen Gesellschaft auszurichten. Dabei kommt es zwangsläufig zu Zielkonflikten.

## 11.1 Der Zielkonflikt als Element des Zielfindungsprozesses

DieZielfindung ist ein Bestandteil der Entscheidungsvorbereitung. Der typische Ablauf des Zielfindungsprozesses geht von der Aufstellung eines Zielkatalogs über die Prüfung der Zielkompatibilität (Verträglichkeit), der Durchführung der Zielverwertung und dem Entwurf einer Zielhierarchie bis zur Zielabgleichung (Konfliktminimierung) und Definition des Zielsystems (2). Das Zielsystem gibt den Zielrahmen für bevorstehende Entscheidungen ab und besteht aus der "geordneten Menge aller Zielelemente eines Entscheidungsträgers" (3). Bei der Prüfung der Zielkompatibilität können unterschiedliche Grade der Verträglichkeit festgestellt werden:

---

(1) Isenberg, G.: Probleme der Landesplanung in den wirtschaftlichen Ballungsgebieten. Teil III A 1. u. 2., Bonn 1957
(2) Koelle, H.: Zur Problematik der Zielfindung und Zielanalyse. In: Analysen und Prognosen, H. 17. Berlin 1971
(3) ebenda

"Zielharmonie" besteht, wenn sich die Zielelemente gegenseitig unterstützen; ohne erkennbaren Einfluß aufeinander verhalten sich die Elemente "zielneutral". Bei gegenseitiger Beeinträchtigung bzw. Unvereinbarkeit der Zielelemente spricht man von partieller Kompatibilität bzw. Inkompatibilität. "Der Kompatibilitätstest führt entweder zu einer Einengung einzelner Zielelemente oder gar zu deren Eliminierung." (1)
"Zielkonflikt" wird definiert als "unterschiedliche Auffassung einzelner Personen oder Personengruppen über Zielbeträge und/oder Zieltermine und/oder Zielgewichte bzw. das einzugehende Risiko der Zielerreichung" (2). Voraussetzung für eine Konfliktlösung ist eine Zielbewertung, die zu einer hierarchischen Ordnung mit den Ebenen der Haupt-, Ober-, Zwischen-, Unter- und Teilziele führt (3).
"Es ist selten möglich, ein völlig kompatibles Zielsystem zu erstellen; man sollte aber unbedingt darauf achten, daß Zielelemente zumindest mit dem jeweiligen Hauptziel harmonieren, auch wenn nicht alle Zwischen- oder Unterziele miteinander verträglich sind." (4)
Diese hier nur skizzenhaft angedeuteten Überlegungen sind Bestandteile der Planung, die wie folgt definiert wird: "Das vorausschauende systematische Durchdenken und Formulieren von Zielen, Verhaltensweisen und Handlungsalternativen, deren optimale Auswahl sowie die Festlegung von Anweisungen zur rationellen Durchführung der ausgewählten Alternativen." (5)

---

(1) ebenda
(2) Begriffsdefinitionen der Systemanalyse unter besonderer Berücksichtigung der Zielanalyse. Zusammengestellt von W. Christen, H. Koelle, R. Mackensen, E. Noack, F. Mohrmann. In: Analysen und... a. a. O.
(3) ebenda
(4) Koelle, H.: Zur Problematik... a. a. O.
(5) Begriffsdefinitionen der Systemanalyse... a. a. O.

## 11.2. Die Zielkonflikte in den Isarauen

Im Folgenden soll die konkrete Situation der Isarauen diskutiert werden, indem die bestehenden und geplanten erholungsfremden Nutzungen dieses Gebietes den für die Isarauen geltenden Zielvorstellungen hinsichtlich einer Erholungsnutzung gegenübergestellt werden.
In Kapitel 7 ist die bestehende und geplante Infrastruktur innerhalb der Isarauen aufgezählt worden. Die einzelnen Objekte sind die konkreten Bezugspunkte der Untersuchung. Um ihre Auswirkungen auf die Erholungsfunktion feststellen zu können, müssen die Anforderungen von Seiten der Erholung (Kap. 9) an die Isarauen betrachtet werden. Aus ihnen geht hervor, daß als Voraussetzung für die Erholungsnutzung erstens ein ausreichendes Flächenangebot und zweitens ein Mangel an störenden Einflüssen angesehen werden muß. Die Störwirkungen lassen sich aufteilen in:
1. optisch (Wirkung auf das Landschaftsbild)
2. akustisch (Lärmwirkung)
3. lufthygienisch (Wirkung auf Gesundheit bzw. Geruchssinn)
4. wasserhygienisch (Wirkung auf Badenutzung)

Während sich die land- und forstwirtschaftliche Nutzung gegenüber den Erholungsansprüchen zielharmonisch oder zielneutral verhält, deutet die gebaute Infrastruktur offensichtlich auf eine Unvereinbarkeit bzw. partielle Kompatibilität der Nutzungsziele hin.
Die Ziele der einzelnen Daseinsgrundfunktionen und deren optimale Erfüllung sind herauszustellen und der damit verbundene Grad der Zielbeeinträchtigung der Erholungsfunktion zu klären.
In einem zweiten Schritt ist die negative Auswirkung der Störung auf die Primärfunktion Erholung abzuwägen gegenüber den Konsequenzen sowohl aus einer Negativ - Alterna-

tive (d.h., daß das betreffende Bauobjekt überhaupt
nicht verwirklicht wird) als auch aus einer Alternative,
die eine Verlegung in den Raum außerhalb der Erholungsfläche Isarauen vorsieht.

Die Diskussion der Zielkonflikte soll nicht als Versuch
einer erschöpfenden Auseinandersetzung, sondern als
eine Zusammenstellung verschiedener Aspekte verstanden
werden, die Anhaltspunkte zu einer weiteren Vertiefung
aufzeigen.

### 11.2.1. Beeinträchtigung durch die Funktion Wohnen

Die für die Wohnfunktion optimalen Bedingungen (sprich:
Ziele) sind:
1. störungsfreie Lage.
2. Gute Zuordnung zu Arbeits- und Einkaufsmöglichkeiten.
3. Nähe zu städtischer Verdichtung (Kommunikationsvorteile).
4. Nähe zu attraktivem Erholungsangebot und landschaftlichen Reizen.
5. Gute überregionale Verkehrsanbindung.

Wenn die Funktionen des Wohnens eine potentielle Erholungsfläche beanspruchen, so liegt der Konflikt in der
Erholungsbeeinträchtigung:
1. durch Flächenentzug
2. durch optische Störwirkung

Eine Quantifizierung dieses Konflikts erübrigt sich in den
Isarauen für die bestehende Wohnbebauung, weil sie in
ihrer geringen Ausprägung kaum in Erscheinung tritt. Nur
für eventuell geplante Wohnbebauung gilt, daß der Belastung
der visuellen Qualität und dem Flächenentzug für die Erholungsnutzung die Alternative gegenübersteht, die Wohnbebauung außerhalb der Isarauen zu lokalisieren. Das bedeutet, daß die Wohnqualität in einem Punkt herabge-
setzt würde: Die Lage unmittelbar in landschaftlich reiz-

voller Umgebung müßte aufgegeben werden.
Grundsätzlich prallt hier das Interesse des einzelnen
auf das Interesse der Gesellschaft. Die Chance einer
Lösung dieses Konflikts zugunsten der Allgemeinheit
liegt in einer konsequenten Anwendung der einschlägigen
Gesetze bzw. in neuen Gesetzesinitiativen.

## 11.2.2. Beeinträchtigung durch die Funktion Arbeiten

Hier soll bei der Ermittlung der Ziele dieser Funktion
nicht nach dem optimalen Betriebsstandort gefragt werden, (auf die allgemeinen Standortbedingungen ist im
Zusammenhang mit dem funktionsgesellschaftlichen Kontraktionsprozeß eingegangen worden) sondern nur nach
dem Optimum für den Produktionsfaktor Arbeit.
Voraussetzungen dafür sind:
1. Geringer Weg - Zeit Aufwand zur Überwindung der
   Distanz zwischen Arbeitsplatz und Wohnung.
2. Nähe zu städtischer Verdichtung wegen der Kommunikationsvorteile.
3. Lärmfreiheit am Arbeitsplatz hauptsächlich bei geistiger Beschäftigung. (Forschungsinstitute)
4. Landschaftlich attraktive Umgebung.

Wenn natürliche Ressourcen bei der Produktion genutzt
werden (Kiesabbau) bzw. eine bestimmte natürliche Beschaffenheit des Standortes verlangt ist (Pionierübungsplatz), dann sind die Naturgegebenheiten zwingende Bestimmungsfaktoren für die Wahl des Standortes.

Bei der Beanspruchung potentieller Erholungsfläche ergeben sich folgende Beeinträchtigungen der Erholungsfunktion:
1. Flächenentzug (z. B. 400 ha Hochschulgelände)
2. Optische Störwirkung
3. Akustische Störwirkung (Kiesabbau und Pionierübungsplatz)
4. Lufthygienische Störwirkung (durch Staub bei der Kiesgewinnung)

Zur Quantifizierung: Der Flächenentzug kann wegen Mangel an verfügbarem Datenmaterial nur sehr grob angegeben werden (siehe Übersichtskarte Isarauen).
Die optische Störwirkung ist auch bei größtmöglicher Einschränkung (durch Abpflanzungen und andere Maßnahmen) gegeben, jedoch fehlt hier die Umsetzung in meßbare Größen. Darauf wird unter 11.3. eingegangen.
Die akustische Störwirkung läßt sich zwar durch Zonen bestimmter Schallpegel quantifizieren, aber es fehlen die dafür notwendigen Daten im Fall der hier angesprochenen Untersuchungsobjekte.
Ebenso ist der durch den Kiesabbau bedingte Staubniederschlag zwar meßbar, jedoch entzieht er sich bei der vorliegenden Größenordnung einer exakten Beurteilung der Erholungsbeeinträchtigung. Die Beurteilung bewegt sich vielmehr im Bereich subjektiven Empfindens, das sehr unterschiedlich reagieren kann.
Die Alternative einer Verlegung aus den Isarauen heraus stellt sich nur für die nicht standortgebundenen Objekte der Hochschul- und Forschungsinstitute. Das Optimum ihrer Lage brauchte dabei nur hinsichtlich der Attraktivität der unmittelbaren Umgebung eingeschränkt werden. Im übrigen wäre die öffentliche Hand zum Erwerb von Grundstücken genötigt.
Für die Objekte, die auf die natürlichen Gegebenheiten der Isarauen angewiesen sind, stellt sich eine Negativ-Alternative. Welche Verluste bzw. Kosten der Volkswirtschaft bei einem Verzicht auf diese Objekte entstehen würden, entzieht sich der Beurteilungsmöglichkeit im Rahmen dieser Arbeit und muß einer Nutzwertanalyse vorbehalten bleiben.

Trotz der aufgezeigten Unzulänglichkeiten der Quantifizierung von Störwirkungen kann zusammenfassend gesagt werden, daß die Summe der Störungen eine deutlich spürbare Erholungsbeeinträchtigung darstellt.

Im Hinblick auf die langgestreckte Form der Isarauen mit einer zwischen 5oo und 2ooo Metern schwankenden Breite kann der Flächenentzug bei bestimmten Situationen (z. B. im Falle des Pionierübungs- und Hochschulgeländes) dadurch in besonders hohem Maße ins Gewicht fallen, daß er eine Riegelwirkung im Erholungsgebiet ausübt und dadurch die Durchgängigkeit der Fläche blockiert oder stark einschränkt.

### 11.2.3. Beeinträchtigung durch die Funktion Verkehrsteilnahme

Die in diesem Abschnitt zu untersuchende Daseinsgrundfunktion verursacht die gravierendsten Eingriffe in das erholungswirksame Potential der Isarauen. Vor allem fallen die geplanten Straßen und der in Aussicht genommene Flugplatz ins Gewicht.

### 11.2.3.1. Flugplatz

Hier sollen die für die Standortwahl relevanten Gesichtspunkte nicht in ihrer Gesamtheit dargestellt werden, sondern nur in Zusammenhang mit dem Zielkonflikt zwischen den Belangen des Verkehrs und denen der Vitalsituation in der Flugplatzumgebung.

Das optimale Funktionieren des Verkehrsvorganges erfordert eine möglichst stadtnahe Lage des Flugplatzes: Es muß eine schnelle Verbindung der hauptsächlich im Stadtinnern gelegenen Verkehrsziele und -quellen mit dem Flugplatz gewährleistet sein, damit nicht der Hauptreiz des Luftverkehrs, die kurze Reisedauer, durch langdauernde Zubringerfahrten beeinträchtigt wird (1).

(1) Hoffmann, R.: Verkehrsflughafen. In: Handwörterbuch der Raumforschung u. Raumordnung (s.o) Sp. 375o

Dem steht im Interesse einer ausreichenden Vitalsituation die Forderung nach einer möglichst stadtfernen Lage (abseits von Strukturen der Verdichtung) gegenüber: Es muß die Beeinträchtigung von Wohn- und Erholungsgebieten durch Fluglärm vermieden bzw. auf ein erträgliches Maß eingeschränkt werden. Die gesundheitsbedrohende und nervenbelastende Lautstärke in der näheren und weiteren Umgebung des Flughafens schmälert die Lebensqualität der "Anwohner" und behindert die bauliche Entwicklung des betroffenen Raumes.

Zur Quantifizierung des akustischen Störeinflusses auf die Isarauen wird eine Lärmzonenkarte des Bayerischen Ministeriums für Landesentwicklung und Umweltfragen zu Grunde gelegt (1). Danach fällt ein 9 km langes Teilstück der Isarauen zwischen Freising und Eching unter einen Dauerschallpegel von 62 bis 72 dB(A). Eine Untersuchung (2), die im einzelnen die Erholungsmöglichkeiten unter Schalleinwirkung prüft und sich dabei u. a. auf eine Befragung stützt, kommt zu dem Schluß, daß in dem gesamten Bereich nur ganz bestimmte Erholungsaktivitäten in beschränktem Umfang möglich sind.
Zur Meßgröße des Lärms und seinen Auswirkungen siehe Kapitel 11.2.3.2.

In den folgenden Zitaten kommen einige Aspekte zu den hinter der vordergründigen Interessenkollision stehenden Wertvorstellungen zum Ausdruck:
"Bei Verkehrsflughäfen geschieht...(die Lärmbelastung der Bevölkerung) zugunsten des Flugverkehrsgeschäfts bei einer Hauptfrequenz durch Wirtschaft (ca. 25 %) und Touristik (ca. 70 %) einer kaum mehr zur Rücksicht geneigten Wohlstandsgesellschaft." (3)

---

(1) Karte mit Linien äquivalenten Dauerschallpegels in dB(A) nach Unterlagen von Dipl.Phys. Meyer, München 1971
(2) Schemel,H.-J.: Erholung und Fluglärm. In: Natur und Landschaft, 48.Jg. H.5   1973
(3) Kneller,F.: Fluglärm und Raumstruktur. In: structur, H. 10, S. 217   Köln 1972

GÖB (1) stellt den Zielkonflikt wie folgt dar: "Die Menschen, die in Zukunft im Dauerschallpegel des Fluglärms leben sollen, ...fragen, ob es unter den in der Bundesrepublik nun einmal sehr beengten Verhältnissen wichtiger ist, daß die Bevölkerung in dichtbewohnten Räumen ein Leben in relativem Wohlbehagen verbringen kann, ohne ständig den Nervenproben des Fluglärms ausgesetzt zu sein. Oder aber, ob es wichtiger ist, daß der Luftverkehr in einer perfektionierten Weise ohne Rücksicht auf das seelische Wohlbefinden der Bewohner ermöglicht wird. Dagegen betonen von regionalwirtschaftlichem Konkurrenzdenken geleitete regionsbezogene Instanzen regelmäßig den strukturpolitischen Aspekt. Auch hier schlägt die Tatsache durch, daß das Leitbild der Regionalpolitik die Maximierung des Wirtschaftswachstums ist und daß wir von einem Leitbild der räumlich - funktionalen Nutzungsteilung noch weit entfernt sind... Bei der Anlage von Flugplätzen wird dies ein Zielkonflikt über die Inanspruchnahme von Raum. Man sollte meinen, die Entscheidung dieses Konfliktes sei typische Aufgabe von Raumordnung und Landesplanung. Dennoch ist diese Entscheidung bis zum heutigen Tag der Fachplanung selbst überantwortet. Der Entscheidungsspielraum wird aber von Raumordnung und Landesplanung wesentlich mitbeeinflußt."

Auf einem internationalen Kongreß in London wurden Investitionen für Flugplatzstandorte in Ballungsgebieten als eindeutig verfehlt bezeichnet, und man bezweifelt nicht, daß es "zwangsläufig einen Aufschrei geben werde, der mit Argumenten der nationalen Wirtschaft immer weniger überspielt werden könne" (2).

---

(1) Göb, R.: Das staatliche Planungsermessen bei der Anlage von Flugplätzen. In: structur, H.1o, S. 217, Köln 1972

(2) Internationaler Kongreß in London über Probleme des Fluglärms im September 1969. Tagungsniederschrift zitiert bei Kneller a. a. O.

## 11.2.3.2. Straßen

Gegenwärtig durchschneiden zwei Staatsstraßen die Isarauen, in Zukunft sollen zusätzlich eine Autobahn mit Knotenpunkt, eine hochfrequentierte Zubringerstraße für den geplanten Flugplatz, Stadtumgehungsringe bei München und Freising und neue Trassen der Bundesstraßen 11 und 471 Teile der Isarauen beanspruchen.

Aufgabe des Straßenverkehrs ist der Transport von Personen und Gütern.
Personenverkehr: Berufspendler, Geschäftsreisende, Erholungssuchende (Ausflugs- und Urlaubsverkehr).
Güterverkehr: Kurzstrecken- und Fernverkehr.
"Für die Wirtschaft ist ein leistungsfähiges und dynamisches Verkehrswesen notwendige Voraussetzung für Produktivitätssteigerung, technischen Fortschritt und Produktionswachstum." (1)
Verkehrsanlagen sind als wirtschaftliche und soziale Infrastruktur anzusehen (2). Sie dienen der "regionalstrukurellen Chancengleichheit aller Räume" (3) und sind Voraussetzung für Wirtschaftswachstum und für die Befriedigung des Mobilitätsbedarfs der Bevölkerung.
Als Ziel der Verkehrs - Fachplanung für eine optimale Trassenführung von Straßen gilt die mit minimalem Aufwand (an Zeit und Energie) zu bewältigende Überwindung der Distanz zwischen zwei Punkten, für die ein Erschließungs- und/oder Verbindungsbedarf besteht. Dieses "Minimum" des Aufwandes wird bestimmt:
1. durch Zwänge, die sich aus den natürlichen Gegebenheiten ergeben (Geländeform und -beschaffenheit) und
2. durch Berücksichtigung konkurrierender Ziele (z. B. Wasser-, Lärm-, Naturschutzzonen), die von gesellschaftspolitischer Willensbildung abhängen.

---
(1) Bundesminister für Verkehr: Zielsetzungen der Verkehrspolitik. In: Verkehrsbericht 1970, S. 26
(2) ebenda, S. 25
(3) ebenda, S. 16

Der Zielkonflikt zwischen Erholung und Straßenverkehr drückt sich in einer Beeinträchtigung der Erholungsfunktion aus durch:

A. Flächenentzug und

B. akustische,

C. optische,

D. lufthygienische Störwirkungen.

Zur Quantifizierung:

A: Der Flächenentzug durch Fahrbahnen und Begleitstreifen ist für die bestehende und geplante Trassenführung innerhalb der Isarauen wie folgt anzugeben (1):

a) BAB München - Deggendorf, Zubringerautobahn und Autobahnring München - Nord: Breite (etwa 4o m) x Länge (etwa 9 km) = 36o ooo m$^2$ = 36 ha. Dazu kommen noch etwa 4 ha für den Knotenpunkt bei Achering.

b) Südliche Ringstraße Freising, neue B 11 (bei Garching und Mintraching), neue und alte B 471 bei Garching (mit Knotenpunkt) und Staatsstraße 2o53 bei Grüneck: Angenommen wird eine Durchschnittsbreite von 25 m = vierstreifige Straße. Die Straßen führen mit einer Länge von etwa 11 km durch die Isarauen. Das ergibt (einschließlich 2 ha für Knotenpunkt) eine Gesamtflächenbeanspruchung von etwa 3o ha.

Insgesamt wird also im Interesse des Straßenverkehrs innerhalb der Isarauen eine Fläche von rund 7o ha überbaut.

B: Die akustischen Auswirkungen der Straßentrassierungen sind als äquivalenter Dauerschallpegel (dB (A)) meßbar. Diese Meßgröße wird für zeitlich veränderliche Lautstärken verwendet und entspricht dem Schallpegel eines Geräusches, das in der Störwirkung dem zu kennzeichnenden gleichgesetzt wird. Die Adäquatheit dieses Dauerschallpegels zur subjektiven Lästigkeit des Lärms ist allerdings

---

(1) Vergleiche zu den Abmessungen: Schaechterle, K.: Verkehrsplanung. Vorlesungsmanuskript des Lehrstuhls für Verkehrs- und Stadtplanung, Straßenquerschnitte, Knotenpunkte. München 1969

umstritten. In manchen Situationen ist die Ergänzung durch den sogenannten Speicherschallpegel, der die Lärmspitzen stärker berücksichtigt, angebracht (1). Auf Grund der Abhängigkeit zwischen Verkehrsdaten (Zahl der Last- und Personenkraftwagen je Zeiteinheit und ihre mittlere Geschwindigkeit) und Schallemission genügt zur Feststellung der Lärmauswirkung einer Strasse die Erstellung einer Verkehrsdichtekarte, die noch durch Angaben über

    Straßenoberfläche, Zustand und Steigung,
    Gestalt des Straßenraumes (ebenerdig, im Einschnitt oder auf Damm) und
    Lage des betrachteten Punktes zur Straße zu vervollständigen ist (2). Da entsprechende Daten für die Situation der Isarauen dem Verfasser nicht zugänglich sind, kann die Schallausbreitung im Bereich der Straßen nur grob analog zu vergleichbaren Meßergebnissen angegeben werden. Folgende Lärmmessungen des durchschnittlichen täglichen Verkehrs (DTV) auf Autobahnen wurden in 40 m Abstand vom Rand der Fahrbahn durchgeführt (3):

| DTV (PKW/h) | Äquivalenter Dauerschallpegel in dB(A) | |
|---|---|---|
| | Tag | Nacht |
| unter 10 000 | 67 | 64 |
| 10 - 40 000 | 69 | 66 |
| über 40 000 | 73 | 72 |

Messungen (4) an geländegleichen vierspurigen Schnellstraßen (2000 - 3000 PKW/h, Asphaltdecke) untersuchten in Bodennähe die Ausbreitung des Verkehrslärms und erbrachten in 100 m Entfernung einen Wert von 60 dB(A) und in 200 m einen Wert von 55 dB(A).

---

(1) Vergl. VDI 2058
(2) Schreiber, L.: Zur Problematik der Verkehrslärmkarten. In: Kampf dem Lärm, Jg. 17, H.4, S.99 ff. München 1970
(3) Deutsche Bundesregierung: Materialband zum Umweltprogramm der Bundesregierung, 6. Wahlperiode, Drucksache VI/2710, Bonn 1971
(4) Gableske, R.: Straßenverkehrslärm und Landschaftsplanung. Werkblatt in: Garten und Landschaft, H. 11, 1971

Auf einer ebenfalls geländegleichen zweispurigen Strasse (1ooo PKW/h, Asphaltdecke) beträgt die bodennahe Schallstärke in 1oo m Entfernung 56 dB(A) und in 2oo m Entfernung 51 dB(A).
Die geringe Änderung der Lärmdaten für Straßen, die auf einem Damm liegen (wie es für die Isarauen voraussichtlich zutrifft) kann hier vernachlässigt werden. Von Schallschutzmaßnahmen kommt die wirksamste Lösung des Lärmschutzwalles für die Isarauen kaum in Betracht, dafür aber die Lärmminderung durch dichte Pflanzungen.
"Der Wert von Pflanzungen als Lärmschutz wird häufig noch überschätzt, die zusätzliche Lärmpegelabnahme pro Meter Pflanzenbewuchs liegt bei Busch- und Strauchwerk selten über o,2 dB(A), bei Laubwald bei etwa o,1 dB(A)." (1)
SCHREIBER gibt die Dämpfung des Schallpegels in Bodennähe für Wälder mit dichtem Unterholz mit 1o dB(A)/1oo m an. "Mit diesem Wert kann man nur rechnen, wenn Straße und betrachteter Punkt nicht hoch liegen." (2)
In der Praxis können Abweichungen von theoretischen Werten der Schallausbreitung bis zu 7 dB(A) besonders wegen unterschiedlicher Wind- und Temperaturgradienten auftreten.(3).

Es erhebt sich nun die Frage nach der zumutbaren Lärmbelastung des Menschen. Zur Beurteilung dieser Problematik müssen einige Einsichten in bestimmte Besonderheiten des Begriffs "Lärm" vorausgesetzt werden: Für ihn gibt es keine physikalische Definition. Er ist subjektiv bestimmt, nämlich durch die Lästigkeit auftretender Geräusche, wobei neben der Lautstärke auch die Tonhöhe und Einwirkungsdauer maßgebend sind und nicht zuletzt die physische und psychische Verfassung des Betroffenen und seine innere Einstellung zur Schallquelle.

---

(1) ebenda.
(2) Schreiber, L.: Vorausberechnung der in der Umgebung einer geplanten Straße zu erwartenden Lärmimmission. In: Straße und Autobahn, Jg. 2o, H. 3, S. 97, 1969
(3) Gableske, R.: Straßenverkehrslärm... a. a. O.

"Man spricht auch dann von Lärm, wenn durch Geräusche die Gesundheit gefährdet oder geschädigt wird. Somit kann Lärm an sich nicht gemessen werden, meßbar sind nur die physikalischen Daten eines Schallereignisses." (1)
Trotz der starken subjektiven Komponente des Lärms hat man Richtwerte aufgestellt. In den "Medizinischen Leitsätzen zur Lärmbekämpfung" (2) ist für Erholungsgebiete eine maximale Lautstärke von 30 - 50 dB(A) genannt. Hinsichtlich der Gesundheitsbedrohung unterscheidet das Max - Planck - Institut für Arbeitsphysiologie (Dortmund 1960) (3) folgende Grade der Lärmeinwirkung:

| Lärmstufe I  30 - 60 dB(A) | Belästigung  - psychische Wirkung |
|---|---|
| Lärmstufe II  60 - 90 dB(A) | Gefährdung der Gesundheit  - psychische und vegetative Wirkungen |
| Lärmstufe III  90 - 120 dB(A) | Schädigung der Gesundheit  - psychische, vegetative und otologische Wirkungen |

Setzt man den zu erwartenden Dauerschallpegel in der Umgebung der Straßen in Bezug zur Lärmauswirkung auf den Menschen, so lassen sich Zonen beiderseits der Straßen feststellen, in denen die Erholung mehr oder weniger stark beeinträchtigt ist. Nimmt man den oberen Grenzwert der für Erholungsgebiete noch tragbaren Lautstärke von 50 dB(A) (s.o.) als Bezugspunkt, dann bedeutet dies
a) für die Autobahn eine stark beeinträchtigte Zone von etwa 2 x 200 m und
b) für Bundes- und Landsctraßen eine solche von etwa 2 x 100 m,

---

(1) Jansen, G.: Lärm und Lärmbekämpfung. In: Handwörterbuch der Raumforschung u. Raumordnung (s.o.), Sp. 3207 ff.
(2) Zitiert in: Raumordnungsbericht 1970 der Bundesregierung, S. 173 ff., Bonn 1970
(3) Zitiert in: Materialband zum Umweltprogramm der Bundesregierung, a. a. O.

wobei jeweils eine gewisse Schalldämmung durch den Auwald einberechnet ist. Daß diese Zonen entlang der Strassen unter einer relativ hohen Lärmbelastung stehen, wird deutlich, wenn man sich vor Augen führt, daß z. B. "der Lärmpegel noch bei 1 km Abstand von der Autobahn über den Richtwerten für allgemeine Wohngebiete liegt" (1).
Rechnet man die in die Lärmzonen fallenden Flächen beiderseits der Straßen zusammen, so erhält man eine Fläche in der Größenordnung von 580 ha. Davon liegen etwa 180 ha innerhalb der Fluglärmzone.

C: Die optische Störwirkung ist schwer zu quantifizieren, weil hierfür besonders stark subjektive Kriterien maßgebend sind. Die Wirkung hängt z. B. eng mit dem Charakter der gewünschten Erholungsaktivität zusammen.
Für Menschen, die die "stille Erholung" in naturnaher Umgebung bevorzugen, wirkt sich das technisch geprägte Erscheinungsbild, die Sichtbehinderung durch Dammaufschüttungen und die vom Verkehr ausgehende Unruhe zweifellos nachteilig auf das Landschaftserleben aus.

Durch Abpflanzung läßt sich der Eindruck optischer Störung mildern, bzw. auf eine kurze Entfernung von der Straße beschränken. Gelingt zusätzlich eine gute Einbindung der Straßen in die Geländeform, ist die Störung des Landschaftsbildes zwar stark reduziert, allerdings werden in den Isarauen voraussichtlich die Trassen auf Dämmen bzw. aufgeständert geführt werden, sodaß sich ein Sichtkontakt mit größeren Entfernungen kaum vermeiden lassen wird. Mit finanziellem Mehraufwand ließe sich diese Wirkung durch dicht bepflanzte Begleitstreifen minimieren.
Zusammenfassend kann gesagt werden, daß in Gebieten extensiver Erholung die optische Wirkung von Straßentrassen den auf Ruhe und Naturnähe abgestellten Landschaftsgenuß einschränkt. Der Grad der Störempfindung ist allein subjektiv festgelegt und entzieht sich einer Quantifizierung.

---

(1) Gableske, R.: Straßenverkehrslärm... a. a. O.

Die Größe des beeinträchtigten Bereiches hängt von der Sichtverbindung zum jeweiligen Straßenraum ab und damit weitgehend von technischen Maßnahmen, sodaß darüber noch keine Aussage gemacht werden kann. In der graphischen Darstellung ist aus Gründen der Übersichtlichkeit die Ausdehnung der optischen mit der der akustischen Störzone gleichgesetzt. (siehe Übersichtskarte)

D: Die Beeinflussung der Lufthygiene durch die Emmissionen des Kraftfahrzeuges bezieht sich (1):
a) auf den Kohlenmonoxydgehalt der Abgase,
b) auf den Bleiauswurf der Otto - Motoren,
c) auf die abgesonderten Staubpartikel, von denen der Rußanteil gefährlich ist.
Da die Luftverunreinigungen neben den Straßen der Isarauen von den freien Luftströmen leicht verteilt und von den Gehölzbeständen stark gefiltert werden, also eine spürbare oder gefährliche Konzentration nicht zustandekommt, erübrigt sich eine Quantifizierung dieser Störwirkung.

Alle genannten Störwirkungen können zwar teilweise durch technische Maßnahmen oder Trassenführung mehr oder weniger gemildert werden, jedoch erweisen sie sich auf potentiellen Erholungsflächen beachtlichen Ausmaßes auch in ihrer abgeschwächtesten Form als partiziell oder völlig unvereinbar mit den Zielen der Erholungsnutzung. Die Alternative zur Zielbeeinträchtigung ist eine Verlegung der Strassen in Räume außerhalb der Isarauen. Die damit verbundene "Distanzschaffung" durch Umwege würde die optimale Zielerfüllung des Verkehrs stark einschränken. Realistischer als die "Totallösung" erscheint ein teilweises Heraushalten des geplanten Straßenverkehrs aus den Isarauen.

---

(1) Wenzel, K. F.: Wirkungen von Immissionen auf den Menschen. In: Handbuch für Landespflege..., Bd. 3, S. 17 a. a. O.

Der hier angesprochene Entscheidungsprozeß ist nicht allein durch objektive Notwendigkeiten, sondern stark durch die Wertvorstellungen der Gesellschaft bzw. ihrer Vertreter bestimmt: Es stellt sich die Frage, ob Verkehrsplanung nur von der bloßen Erfüllung der ständig steigenden Nachfrage determiniert sein darf, oder ob sie verstärkt auch Forderungen und Möglichkeiten einer aktiven Gestaltung des Lebensraumes im Sinne einer Qualitätssteigerung erfüllen muß.

### 11.2.4. Beeinträchtigung durch die Funktion der Ver- und Entsorgung

Bestehende oder zukünftige Anlagen zur Bewältigung der Ver- und Entsorgung der Bevölkerung innerhalb der Isarauen in Form von elektrischen Freileitungen, Klärwerken, Mülldeponien und einem Kanal zum Zweck der Ableitung von Isarwasser für die Energiegewinnung sind als Eingriff in das erholungswirksame Potential zu bezeichnen.

### 11.2.4.1. Elektrische Freileitungen

Elektrische Freileitungen dienen dem für die Versorgung mit Elektrizität notwendigen Energietransport..Das Ziel bei der Anlage von Freileitungen ist die kürzeste Verbindung zwischen Energiequelle und -abnehmer. Die optimale Erfüllung dieses Zieles kann durch natürliche Hindernisse und durch die Berücksichtigung störanfälliger anderer Funktionen eingeschränkt werden.
Auf die Erholungsfunktion üben elektrische Freileitungen den Einfluß einer optischen Störwirkung aus. Diese geht einmal von der technischen Anlage selbst und zum anderen von den beim Durchqueren von Waldbeständen erforderlichen Schneisen aus.

Im einzelnen können sich folgende Elemente nachteilig
auf ein naturnahes Landschaftsbild auswirken:
1. Das technische Element als solches durch Nichteinfügen in seine naturnahe Umgebung.
2. Häßliche Ausführung der Mastenkonstruktion.
3. Enge Mastenabstände.
4. Kappung von Gehölzen oder Waldschneisen.

Als Ansatzpunkt für die Quantifizierung des gestörten Bereiches bietet sich der Umfang der Waldschneisen an:

| Typ der Leitung | Breite der Schneise |
|---|---|
| 60 KV | 20 m |
| 110 KV | 30 m |
| 220/380 KV | 70 m |

Übertragen auf die Situation der Isarauen läßt sich
daraus eine Gesamtflächenbeanspruchung von rund 71 ha
errechnen.

Alternativen zur Erholungsbeeinträchtigung liegen:
1. in einer Verlegung der Freileitungen in Räume außerhalb der Isarauen und
2. in einer Verkabelung der Leitungen.

Die Alternative 1 ist mit finanziellem Aufwand für die
Verlegung selbst und für Entschädigungszahlungen bei Überqueren privater Grundstücke verbunden.

Zur Alternative 2 heißt es bei HUNZINGER (1): "Beim Entscheid für oder gegen die Verkabelung sind heute selbst
bei 380 KV - Leitungen nicht mehr technische Schwierigkeiten in der Kabelherstellung oder -verlegung ausschlaggebend. Vielmehr sind es zur Zeit noch die wesentlich höheren Kosten und die betrieblichen Erschwernisse,
besonders bei Störungen, die einer allgemeinen Verkabelung im Wege stehen."

---

(1) Hunzinger, T.: Stromversorgungsanlagen. In: Handbuch für Landschaftspflege... a. a. O., Bd. 3, S. 205

## 11.2.4.2. Klärwerke und Mülldeponien

Die Mülldeponien seien hier nur knapp angesprochen, weil es sich in Ismaning um eine bereits geschlossene Müllablagerungsstelle handelt, deren Auswirkungen nach der Wiederbegrünung als zielharmonisch mit der Erholungsfunktion zu bezeichnen sind, und weil in Großlappen die Deponie außerhalb der Isarauen gelegen ist. Die letztgenannte wirkt sich stark geruchsbelästigend auf Erholungssuchende der Isarauen aus. Der Radius der Geruchsstoffausbreitung ist sehr von der Wetterlage abhängig (Luftdruck und Windrichtung). Bei ungünstiger Witterung werden die westlichen Isarauen bis zum Fluß hin stark in Mitleidenschaft gezogen.
Es laufen gegenwärtig Bestrebungen, die Müllablagerung Großlappen zu schließen und in einen "Erholungsberg" umzuwandeln. Dafür wird ein Zeitraum bis etwa 1980 ins Auge gefaßt (1). Das würde bedeuten, daß die Geruchsbelästigung der Isarauen nur eine "Übergangssituation" ist und danach der Zielkonflikt aus dem Wege geräumt wäre.

Anders verhält es sich bei den bestehenden und geplanten Klärwerken innerhalb der Isarauen, die Einrichtungen auf Dauer sind.
Die optimale Standortwahl für Kläranlagen (2) ergibt sich aus:
1. der Nähe zum Abwassererzeuger,
2. der Nähe zum Vorfluter, der das gereinigte Wasser aufnimmt,
3. einem Gefälle der Erdoberfläche, das ein Fließen der Abwässer ohne Pumpeinsatz gewährleistet.

Unter diesen Entscheidungsfaktoren spielt die Zuordnung zum Vorfluter die dominierende Rolle. Einschränkungen für den optimalen Standort können durch das Gewicht divergierender Flächennutzungsinteressen (einschließlich

---

(1) Vergl. Bericht in der Süddeutschen Zeitung vom 8.2.73 ... sonst wächst uns der Müll über den Kopf.
(2) Die Informationen über Kläranlagen stammen zum größten Teil von Herrn Dr. Scherbe, Leiter der Bayerischen biologischen Versuchsanstalt (Großlappen).

der Eigentumsverhältnisse) oder durch ökologische Belastungsgrenzen erforderlich sein.
Die Beeinträchtigung der Erholungsfunktion ist gegeben durch:
1. Flächenentzug,
2. optische,
3. lufthygienische,
4. wasserhygienische Störwirkungen.

Die Größe der von Klärwerken eingenommenen Fläche richtet sich nach Kapazität und Typ der Anlage. Man kann grob von einem Flächenanspruch von lo - 2o ha Klärwerk ausgehen. Hier tritt als Verschärfung der Störung der Umstand in Erscheinung, daß (wie in Kap. 11.2.2. angesprochen) leicht eine Riegelwirkung eintritt.
Die optischen und lufthygienischen Wirkungen sind von untergeordneter Bedeutung. Der störende Anblick der Bauten kann durch geschickte Abpflanzung vermieden werden.
Was die Lufthygiene betrifft, so wird bei gutem Funktionieren und moderner Ausstattung des Werkes eine Geruchsbelästigung über die Grundstücksgrenzen hinweg für unwahrscheinlich angesehen. Allenfalls bei offenem Abwasserzulaufkanal und bei Belebschlammanlagen oder bei Überlastung der Kapazität können in ungünstigen Wetterlagen lästige Gerüche über die Abgrenzungen hinaus spürbar werden. Biologisch gereinigtes Abwasser ist geruchsfrei.
Anders ist die optische und lufthygienische Situation des offenen Kanals, der das nur zu 75 % gereinigte Abwasser vom Klärwerk Großlappen quer über die Auen und den Fluß in den Bayernwerkkanal leitet. Von der Flächenbeanspruchung abgesehen ist hier sowohl eine optische Störwirkung als auch eine Belastung des Geruchsempfindens festzustellen. Durch Überdachung des Kanals läßt sich die Verbreitung der Geruchsstoffe verhindern.

Von einer negativen Auswirkung der Kläranlagen auf die Wasserhygiene kann nur gesprochen werden im Vergleich zu einer Situation, in der es keine oder nur absolut saubere Zuflüsse in den Hauptvorfluter gibt. In der Frage der Einleitung geklärter Abwässer liegt die Erholungsfunktion im Konflikt mit der Notwendigkeit der Abwasserbeseitigung, die auf den Vorfluter angewiesen ist. Da also hier keine Negativ - Alternative vorstellbar ist, kann eine Konfliktminimierung nur über die technische Verfeinerung des Klärverfahrens und über die Regulierung der Wassermenge des Vorfluters erreicht werden.

Es gibt keine Anlagen, die Abwässer zu 100 % reinigen, also ist das von den Klärwerken in den Vorfluter geschickte Wasser immer eine Belastung seines Sauberkeitsgrades. Heute ist eine Reduzierung der organischen Wasserverschmutzung um 95 % möglich. Die verbleibenden 5 % sind bei der schwachen Wasserführung der Isar (7 - 8 $m^3$/sec) kaum durch die Selbstreinigungskraft des Flusses zu beseitigen. Im übrigen werden einige chemische Verunreinigungen, z. B. Phosphate, Nitrate und schwerabbaubare Verbindungen (Industriewaschmittel) von den zweistufigen Klärwerken zum Teil nicht eliminiert. Die Wassergüte der Isar nördlich von München wird mit " kritisch belastet" (Klasse II - III) angegeben. Mit dem Blick auf die Zukunft heißt es im Bayerischen Gewässerschutzbericht (1): "Trotz optimaler Wasserverteilung und höchstmöglicher Reinigung in modernsten Kläranlagen kann nicht damit gerechnet werden, daß sich in den Vorflutgewässern von München eine bessere Güteklasse als II - III einstellt. Das Baden im Fluß ist somit aus hygienischen Gründen nicht mehr möglich."

Badenutzung ist nicht das Ziel beabsichtigter Maßnahmen, sondern die "Staatsregierung plant im einzelnen,... die Vorflutverhältnisse der Isar zur Aufnahme der steigenden Abwasserbelastung zu verbessern." (2)

---

(1) Bayerisches Landesamt für Gewässerkunde: Gewässerschutz in Bayern. S. 59, München 1972
(2) Bayerische Staatsregierung: Programm Bayern II, a. a. O.

Im Versuchsstadium befinden sich Verfahren (Behandlung mit chemischen Flockmitteln, Aktivkohle und Ozon), die das Abwasser nicht nur weitgehend von den restlichen organischen und chemischen Substanzen befreien sondern auch desinfizieren können, sodaß eine Badewasserqualität erreicht wird. Allerdings ist die Verwirklichung dieser Verfahren in den Isarauen nicht nur eine Zeit-, sondern vor allem eine Finanzfrage, die von offizieller Seite (s.o.) abschlägig beschieden wird.
HESS (1) stellt die hygienischen Anforderungen an Badewasser folgendermaßen dar: "Eine potentielle Gefahr liegt vor, wenn sich in der Nähe Abwassereinläufe befinden. In Flüssen sollen sich solche Einläufe nicht näher als etwa 1 km oberhalb des Bades befinden. Auch Müllablagerungen dürfen nicht in der Nähe sein... Badeplätze müssen frei sein von Schlammablagerungen, weil durch das Aufwirbeln des Gewässergrundes das Wasser getrübt und unappetitlich wird. Aus fauligem Schlamm aufstoßende, stinkende Gasblasen wirken besonder Ekel erregend. Im Schlamm reichern sich saprophytäre und pathogene Keime an, z. B. Bakterien der Typhus-, Paratyphus - Gruppe... In Fließgewässern sammelt sich in höheren Pflanzen mit Vorliebe Unrat an. Die absterbenden Pflanzenteile können unangenehme Gerüche verursachen und die Schlammbildung begünstigen." Es wird weiter ausgeführt, daß nur der Mediziner entscheiden kann, ob bakteriologische Kriterien das Baden erlauben oder eine Gefahr für die Gesundheit signalisieren. In letzterem Falle bietet die Ozonisierung die einzige wenn auch aufwendige Möglichkeit der Wasserentkeimung. Das Zitat läßt deutlich durchblicken, daß (außer bei dem Vorhandensein von gefährlichen Bakterien und Viren) die Wassermenge des Flusses die Qualität des Wassers (Grad der Eutrophierung) stark beeinflußt. Dieser Aspekt soll im folgenden Kapitel zur Sprache kommen.

---

(1) Müller, Th.: zitiert bei Hess, W.: Die hygienischen Anforderungen an Badewasser. In: Wasser und Luft in der Raumplanung. Bericht über die internationale Vortragstagung PRO AQUA 1965 in Basel, S. 417 ff. München 1966

Nachdem bereits darauf hingewiesen wurde, daß für die Einleitung der geklärten Abwässer keine Negativ - Alternative möglich ist, muß betont werden, daß demgegenüber eine Verlegung der Kläranlage in ein Gebiet außerhalb der Isarauen eine praktikable wenn auch mit Mehrkosten verbundene Alternative darstellt. Damit wäre der stark ins Gewicht fallende Störfaktor des Flächenentzuges und auch die optischen und lufthygienischen Beeinträchtigungen aufgehoben.

### 11.2.4.3. Bayernwerkkanal

Zur allgemeinen Situation der Erholungsgewässer in der BRD heißt es bei BUCHWALD (1): "Die Nutzungsmöglichkeiten der Gewässer werden durch die fortschreitende Verschmutzung eingeschränkt. Das betrifft insbesondere die für Badezwecke zur Verfügung stehenden Erholungsgewässer, deren Zahl dadurch ständig abnimmt. Der Bedarf an geeigneten Gewässern zum Baden, für den Wassersport und zum Angeln wird jedoch mit dem zunehmenden Erholungsverkehr in Zukunft weiter steigen."

Bei Unterföhring wird der größte Teil des Isarwassers durch den Bayernwerkkanal abgezweigt. Seit 1933 hat die Bayernwerk AG die Erlaubnis, bis zum Jahr 2030 (unwiderruflich bis 2005) eine Wassermenge von bis zu 150 $m^3$/sec aus der Isar zu leiten, um damit Strom zu erzeugen. Da die Isar nur einen mittleren Mittelwasserabfluß von 86,8 $m^3$/sec aufweist, geht 76,0 $m^3$/sec an die BAG, das heißt, es bleibt eine Wassermenge von 10,8 $m^3$/sec im Flußbett, die bis Dietersheim durch den Zufluß dreier Bäche auf 18,4 $m^3$/sec ansteigt. Die prekäre Situation tritt noch krasser beim Aufzeigen des mittleren Niederwasserabflusses zu Tage: Bei Oberföhring verbleibt nach der Abzweigung von 39,6 $m^3$/sec nur noch eine Wassermenge von 0,9 $m^3$/sec im Isarflußbett.

---

(1) Buchwald, K.: Zur Belastung der Landschaft. a. a. O.

Dieser Zustand, mit "Flußleiche" treffend charakterisiert, beeinträchtigt die Ziele der Erholung
1. durch optische,
2. durch wasserhygienische Störwirkung.

Die Beeinträchtigung des Landschaftsbildes ist in dem unbefriedigenden Anblick eines Flußbettes gegeben, das, statt mit Wasser aufgefüllt zu sein, nur schmale Rinnsale enthält. Diese sind nicht in der Lage, die bei gelegentlich höherem Wasserstand angetriebenen sperrigen Abfallablagerungen wegzuschwemmen, die sich an den Kiesbänken festgesetzt haben.
Noch schwerwiegender scheint die Rückwirkung des Wassermangels auf die Wasserhygiene zu sein, die in ihrer Qualität den Anforderungen einer Badenutzung nicht mehr entspricht. Die Beziehung zwischen Wasserqualität und der Menge eingeleiteter Abwässer ist im vorigen Kapitel behandelt worden. Hinzu kommt die Abhängigkeit der Qualität von Wassermenge und Fließgeschwindigkeit, Faktoren, von denen (neben der Zusammensetzung der Biocönosen im Wasser) die Selbstreinigungskraft des Flusses bestimmt wird und die sich auf die Verunreinigungskonzentration auswirken.

Den geschilderten negativen Auswirkungen der Isarwasserableitung steht die Elektrizitätsgewinnung der Bayernwerk AG gegenüber, die knapp 1% der von der Stadt München benötigten Strommenge erzeugt (1). Hieraus wird deutlich, daß der Zielkonflikt nicht zwischen der Elektrizitätsversorgung und der Erholungsfunktion liegt, sondern zwischen einem klar formulierten allgemeinen Bedürfnis (Erholung) und dem vertraglich fixierten Rechtsanspruch einer privaten Interessengruppe. (Allerdings ist diese Interessengruppe nur teilweise privat: über 50 % der Anteile gehören dem Staat Bayern.)

---

(1) Auskunft von Herrn Dr. Steinhauser, Bund Naturschutz München.

Der private Charakter wird deswegen betont, weil die privaten Anteilseigner bei einer vorzeitigen Zurücknahme oder Einschränkung der ihnen zugesicherten Rechte eine Entschädigung verlangen können. Eine Minimierung des hier zur Diskussion stehenden Zielkonflikts durch eine Negativ - Alternative (Betriebseinstellung des Elektrizitätswerkes) oder durch die Alternative einer teilweisen Verringerung der abgeleiteten Wassermenge kann also nur durch erhebliche finanzielle Aufwendungen der öffentlichen Hand erreicht werden.

## 11.3. Zur Problematik der Quantifizierung

Bei allen an konkreten Situationen aufgezeigten Zielkonflikten ist die nicht objektiv faßbare Einschätzung der verschiedenen Störwirkungen bewußt geworden. Es sind zwar die von den untersuchten Objekten ausgehenden Einflüsse auf die materiellen Gegebenheiten, (Flächenentzug, Schallausbreitung, luft- und wasserhygienischer Zustand) eindeutig meßbar oder wenigstens in ihrer Existenz nachweisbar (optische Erscheinung bzw. Sichtverbindung), jedoch fehlt es an einer Möglichkeit, diese gemessenen Größen umzusetzen in einen Wert, der den Einfluß auf das subjektive Empfinden der Erholung beschreibt bzw. der allgemeingültig den Grad der Erholungsbeeinträchtigung feststellt.
Aber bevor auf den hiermit skizzierten Kern der Schwierigkeit bei der Quantifizierung erholungsbeeinträchtigender Einflüsse eingegangen wird, soll ein anderes Hindernis aufgezeigt werden, das den Weg zur Lösung des Kernproblems verstellt: Die verschiedenen Meßgrößen der Einflußfaktoren (Fläche, Schallpegel u.s.w.) sind wegen des unterschiedlichen Bezugs ihrer Aussage nicht miteinander vergleichbar und deshalb nicht in einer Einheitsgröße darstellbar. Das legt die Schlußfolgerung nahe, eine einheitliche Bezugsgröße zu schaffen, z. B. die Meß-

größen des Lärms, des Erscheinungsbildes, der Hygiene umzurechnen in Flächeneinheiten oder die Messungen in dimensionslose Werte zu transformieren. Das setzt eine Bewertung der einzelnen Einflußfaktoren voraus, für die subjektiv die Relevanz der einzelnen Arten der Störwirkungen abgewogen werden muß. Dieser Schritt würde die Aufstellung einer Einheitsgröße ermöglichen. Diese einheitliche Meßgröße hätte den Charakter einer Relativgröße, denn sie gibt lediglich in Flächeneinheiten bzw. dimensionslosen Einheiten den Umfang der Einwirkung auf das materielle Erholungspotential an und erhält erst dann eine planungsrelevante Aussagekraft, wenn sie zum Erholungsempfinden in Bezug gesetzt wird.
Der zweite Schritt führt zum Kern der Problematik, nämlich zur Frage, wie das Verhältnis der auf die erholungswirksamen Faktoren einwirkenden Störeinflüsse zu dem subjektiven Empfinden der Erholungssuchenden anzugeben ist. Hier muß wieder eine Objektivierung subjektiver Tatbestände vollzogen werden. Diese Umsetzung kann nur über einen Akt der Wertsetzung geschehen, indem kooperierende Experten auf intersubjektive Weise die Reaktion der Bevölkerung gegenüber Störeinflüssen auf den Erholungsraum in einem Faktor ausdrücken. Dieser hat in einer Bewertungsformel das positive bzw. negative Gewicht der jeweiligen Einwirkung anzugeben.
Bei der Quantifizierung der Reaktion müßten empirische Kenntnisse sowohl der vorherrschenden Nachfragestruktur als auch der von medizinischer, psychologischer und soziologischer Seite erkannten menschlichen Bedürfnisse berücksichtigt werden.
Mit Hilfe des gefundenen "Störfaktors" könnten die Auswirkungen von Eingriffen in ein Erholungsgebiet in eindeutigen Größen beschrieben werden. Damit würden die auftretenden Zielkonflikte deutlich gemacht und im konkreten Fall z. B. die Entscheidung über die Verwirklichung eines

geplanten Projekts erleichtert werden, indem die positiven und negativen Folgen des betreffenden Objektes sichtbar einander gegenübergestellt würden.

Die hier angedeuteten Probleme einer transparenten Quantifizierung subjektiv empfundener Erholungsbeeinträchtigungen sind noch nicht gelöst.
Beachtenswerte Quantifizierungsversuche, die sich nicht auf die Eingriffe,in das Erholungspotential beziehen, sondern auf die erholungswirksamen Elemente selbst, haben u.a. KIEMSTEDT (1) und TUROWSKI (2) unternommen. TUROWSKI ermittelt über einen nutzwertanalytischen Ansatz einen "Freizeitpotentialwert" zur "Bewertung und Auswahl von Freizeitregionen". Er gelangt zu diesem Wert, indem er die gemessenen Elemente des Freizeitpotentials in dimensionslose Werte überträgt und diese mit einer "relativen Gewichtung" versieht. Die Tatsache, daß Störfaktoren noch nicht wissenschaftlich fundiert quantifiziert werden können, erweist sich bei der Behandlung von Zielkonflikten im Zusammenhang mit der Erholung als starkes Hemmnis, besonders deshalb, weil der Erholungsfunktion in der Auseinandersetzung mit konkurrierenden Interessen eindeutig definierte ökonomische Größen (Gewinn- und Verlustrechnungen ausdrückbar in Geld) gegenübertreten, die in ihrer Greifbarkeit mehr Durchschlagskraft besitzen und entsprechend sorgfältiger im Entscheidungsprozeß der Verantwortlichen berücksicht werden. Die Vertreter der Erholungsfunktion müssen dagegen weitgehend auf überzeugendes Datenmaterial verzichten und sind auf das Artikulieren nicht quantifizierter Vorstellungen angewiesen, die, um im erwarteten Umfang gewürdigt zu werden, das Verständnis der Entscheidungsträger voraussetzen. Kurz gesagt: den Vertretern der Erholungsfunktion ist es, im Gegensatz zu

---

(1) Kiemstedt, H.: Zur Bewertung der Landschaft... a. a. O.
(2) Turowsky, G.: Bewertung und Auswahl von Freizeitregionen. Dissertation an der TH Karlsruhe, 1972

anderen Fachplanern, nicht möglich, die Notwendigkeit
von Erholungsangeboten zwingend nachzuweisen. An dieser allgemein erkannten Misere ändern auch die bereits
durchgeführten Quantifizierungsversuche(KIEMSTEDT, TUROWSKI) kaum etwas, weil sie die Bewertung der erholungswirksamen Faktoren nur innerhalb des Komplexes Freizeit/Erholung vornehmen und nicht in Bezug zu konkurrierenden
Nutzungsformen setzen.
Es sei ausdrücklich betont, daß der Verfasser in der Quantifizierung kein Allheilmittel sieht, sondern sich dessen
bewußt ist, daß etliche Werte (auch im Zusammenhang mit
der Erholungsfunktion) nicht in Zahlen zu fassen sind.
Nur dort ist eine Quantifizierung subjektiver Entscheidungsmomente von Vorteil, wo sie den Entscheidungsprozeß transparent und dadurch nachvollziehbar macht. Wo
die Quantifizierung wichtige nur subjektiv faßbare Aspekte unberücksichtigt lassen muß, ist darauf hin zu
wirken, daß das Verständnis der Entscheidungsträger wie
der "Planungsbetroffenen" für nicht quantifizierte Werte wächst, gleichzeitig mit der Skepsis gegenüber dem
Prinzip einer Rationalität, die sich auf begrenzte
Zwecke aber nicht auf die "Stimmigkeit des Ganzen" (1)
bezieht.

---

(1) Mitscherlich, A.: Die Unwirtlichkeit unserer Städte.
Anstiftung zum Unfrieden. 1965

## 12. Die Ausweisung von Vorranggebieten

Die Betrachtung der in Kapitel 11.2. aufgezeigten Zielkonflikte bzw. der unter mehr oder weniger starker Beeinträchtigung stehenden potentiellen Erholungsflächen läßt die Frage aufkommen, ob nicht die von offiziellen Stellen für die Isarauen proklamierte Primärfunktion Erholung durch die Planungsvorhaben bereits so stark eingeschränkt ist, daß sie nur noch auf kümmerlichen Restflächen, die von den anderen Nutzungen übriggelassen sind, wahrgenommen werden kann, also in der Realität einen untergeordneten Rang einnimmt.
In dieser Arbeit ist versucht worden, die absolute Notwendigkeit einer ausreichend dimensionierten Fläche für die kurzfristige Erholung im Bereich der Zone gegenwärtiger und zukünftiger Verstädterung zwischen München und Freising nachzuweisen. Es sollte weiterhin deutlich gemacht werden, daß die konkurrierenden Nutzungen nicht notwendigerweise auf den Standort Isarauen angewiesen sind, und wenn, dann nur in stark reduzierten Ausmaßen.
Es drängt sich förmlich aus den angestellten Überlegungen die Folgerung auf, daß nur eine konsequente Ausweisung von Vorranggebieten solchen Bedürfnissen gerecht wird, deren Nutzungsformen einander ausschließen bzw. stark beeinträchtigen. Mit anderen Worten: Es muß eine Koordinierung unterschiedlicher, sich überlagernder oder sich ausschließender Raumansprüche mit dem Ziel einer bestmöglichen (d.h. den übergeordneten Zielen folgenden) Raumordnung angestrebt werden. Die Ministerkonferenz für Raumordnung hat in eindeutiger Weise in einer Entschliessung die Notwendigkeit der Erhaltung von den Isarauen entsprechenden Erholungsräumen unterstrichen und wie folgt als Ziel formuliert (1): "Sicherung von Erholungsgebieten

---

(1) Ministerkonferenz für Raumordnung: Empfehlung: Raumordnung und Umweltschutz. 15. Juni 1972. Im Anhang des Bundesraumordnungsberichtes 1972, a. a. O., S. 14

und Ausbau von Freizeit- und Erholungseinrichtungen innerhalb und vor allem in der Nähe von Verdichtungsräumen für die Tages- und Wochenenderholung."

Die räumlich - funktionale Arbeitsteilung in Form einer Ausweisung von Vorranggebieten wird von AFFELD (1) folgendermaßen charakterisiert: "Die verschiedenen Teilräume bzw. Siedlungseinheiten (= Subsysteme) eines Gesamtraumes (= Gesamtsystem) sind für eine bestimmte Funktion oder eine Kombination bzw. Konzentration bestimmter Funktionen (z. B. Wohnen, Arbeit/Produktion, Kommunikation, Freizeit, Versorgung/Konsum) unterschiedlich geeignet. Im Rahmen des arbeitsteiligen Zusammenwirkens aller räumlich - funktionalen Subsysteme soll jedes die Funktion(en) wahrnehmen, für die es auf Grund seiner Eignung oder Entwicklungsfähigkeit, kurz: seiner komparativen Vorteile besonders günstige Voraussetzungen mitbringt bzw. diese Voraussetzungen besonders günstig geschaffen werden können." Damit ist eine optimal bedürfnisorientierte Integration der räumlich und funktional differenzierten Teilleistungen der einzelnen Subsysteme gewährleistet. AFFELD definiert das Vorranggebiet als "Teilraum in einem arbeitsteilig organisierten Gesamtraum, der vorrangig eine oder mehrere Raumfunktionen zu erfüllen hat und dessen Funktionsfähigkeit entsprechend dieser Zweckbestimmung in Ausnutzung seiner komparativen Vorteile zu erhalten bzw. zu entwickeln ist". (2)

Für die Isarauen sind die komparativen Vorteile zur Übernahme der Erholungsfunktion ausführlich dargelegt worden. Dazu gehört neben dem natürlichen und infrastrukturellen Freizeitpotential auch die Lage zu einem großen Nachfragezentrum.
"Der Beitrag dieser Vorranggebiete (für flächenextensive,

---
(1) Affeld, D.: Raum- und Siedlungsstrukturelle Arbeitsteilung ... a. a. O., S. 197 ff.
(2) ebenda

naturgebundene Erholung) zum Wertschöpfungsprozeß des Gesamtraumes ist die Versorgung anderer Teilräume, die im arbeitsteiligen Leistungsverbund andere Leistungen erbringen, mit dem Produkt 'Freizeit-/Erholungsmöglichkeiten'" (1)

Es ist zu beachten, daß die Teilräume nicht Vorranggebiete für eine bestimmte Nutzung, sondern für eine bestimmte Funktion darstellen. So können mit der Vorrangfunktion Erholung durchaus andere Nutzungen (z. B. Forstwirtschaft, Landwirtschaft, Wasserwirtschaft, Siedlung) unter bestimmten Voraussetzungen funktionsgerecht sein, nämlich dann, wenn ihre Ziele mit der Primärfunktion vereinbar sind. Es sind mit der Ausweisung als Vorranggebiet für bestimmte Nutzungen Einschränkungen und Auflagen verbunden, um eine Beeinträchtigung der Primärfunktion zu verhindern oder wenigstens den Grad der Störung auf ein Minimum zu reduzieren.

Der Untersuchungsraum westlich der Isarauen ist als Vorranggebiet für Wohn-, Produktions- und Verkehrsfunktionen geschildert worden. Er ist gekennzeichnet durch eine Siedlungsstruktur nach der Konzeption einer punkt - achsialen Entwicklungsachse, die an den Nahschnellverkehrslinien eines sich zunehmend verdichtenden Ordnungsraumes orientiert ist. Die punkt - achsiale Verdichtung entlang der Bandinfrastruktur ermöglicht nicht nur einen intensiven Leistungsaustausch innerhalb der verstädterten Zone, sondern sie gewährleistet ebenso einen Leistungsaustausch mit dem ihr räumlich direkt zugeordneten Freiraum der Isarauen mit der Vorrangfunktion Erholung.

In der Planungspraxis wird bei Zielkonflikten die Entscheidung der Kommune letztenendes immer nach dem Stellenwert ausfallen, den die Gesellschaft einer gesunden Umwelt ge-

---

(1) ebenda.

genüber einem an Konsumgütern gemessenen hohen Lebensstandard einräumt. In einem deutschen Beitrag vor dem Plenum der UN - Umweltschutzkonferenz in Stockholm heißt es (1): "Das Spannungsverhältnis von Umweltschutz und Wirtschaftswachstum muß erkannt und beachtet werden. Wir müssen überall die rein quantitativen Aspekte des wirtschaftlichen Wachstums in ihren positiven, aber auch in ihren negativen Auswirkungen auf die qualitativen Aspekte einer menschenwürdigen Umwelt überprüfen."

---

(1) Rede von Innenminister H. D. Genscher am 9. 6. 72, zitiert in: Natur und Landschaft, Jg. 47, H. 9, S. 239 ff., 1972

## Literaturverzeichnis

Affeld, D.: Raum- und siedlungsstrukturelle Arbeitsteilung als Grundprinzipien zur Verteilung des raumwirksamen Entwicklungspotentials. In: Structur, H. 9, 1972

Albrecht, I.: Untersuchungen zum Wochenendverkehr der Hamburger Bevölkerung. Gutachten durchgeführt im Institut für Verkehrswissenschaft der Universität Hamburg, 1967.

Amelung, W.: Landschaft und Natur als Hilfe der heutigen Medizin zur Behandlung und Heilung von Zivilisationsschäden. In: Wald in der Raumordnung. Schriften der Evangelischen Akademie in Hessen und Nassau, H.66 Frankfurt 1966

Bahrdt, H.P.: Humaner Städtebau, Hamburg 1968

Bayerische Staatsregierung: Ein Programm für Bayern I (1969), Programm Freizeit und Erholung (1970), Ein Programm für Bayern II (1970)

Beirat für Raumordnung: Empfehlungen.
a) Zielsystem für die räumliche Entwicklung der Bundesrepublik Deutschland (20. Okt. 1971)
b) Zielsystem zur räumlichen Ordnung und Entwicklung der Verdichtungsräume in der BRD. (14.Sept. 1972)
Beide in: Anhang des Bundesraumordnungsberichtes 1972

Berninger, O.: Die Landschaft und ihre Elemente. In: Handbuch für Landschaftspflege und Naturschutz, Hrsg. Buchwald,K./Engelhardt,W., Bd.1, München, Basel, Wien, 1968

Bloch, A.: Die unterschiedlichen Ansprüche der Erholung an den Raum als landesplanerische Aufgabe. In: Schriftenreihe für Landschaftspflege und Naturschtz. H. 3 Bad Godesberg 1968

Blücher, V. Graf: Freizeit. In: Handwörterbuch der Soziologie. Hrsg. Bernsdorf,W., Stuttgart 1969

Blücher, V. Graf: Freizeitbedürfnisse und Wohnsiedlungen der Zukunft. In: Archiv für Kommunalwissenschaften, Jg. 7, H. 1, Stuttgart 1968

Boustedt, O.: Stadtregionen. In: Handwörterbuch der Raumforschung und Raumordnung. Hrsg. Akademie für Raumforschung und Landesplanung, Hannover. 2. Auflage, Hannover 1970

Buchwald, K.: Die Erholung in der Industriegesellschaft und die Landschaft. In: Naturschutzparke. Nr. 3, 1964

Buchwald,K.: Die Industriegesellschaft und die Landschaft. In: Beiträge zur Landespflege. Bd.1 (Festschrift) Stuttgart 1963

Buchwald, K.: Naturnahe und ihnen verwandte, vom Menschen mitgeschaffene Elemente der Kulturlandschaft. In: Handbuch für Landschaftspflege... a.a.O.,Bd. 2

Buchwald, K.: Die Zukunft des Menschen in der industriellen Gesellschaft und in der Landschaft, Braunschweig 1964

Buchwald, K.: Begriffe der Landschaftsplanung. Forschungs- und Sitzungsberichte der Akademie für Raumforschung und Landespflege, Hannover 1969

Christaller, W.: Die zentralen Orte in Süddeutschland. 2.Auflage, Darmstadt 1968

Czinki,L./Zühlke,W.:Erholung und Regionalplanung. In: Raumforschung und Raumordnung. Jg. 24, H. 4 Bad Godesberg 1966

Czinki, L.: Zum Erholungsproblem der Ballungsräume. In: Natur und Landschaft. Jg. 47, H. 6, 1972

Czinki, L.: Voraussichtlicher Bedarf an Erholungsflächen und ihre Standorte in NRW. Agrar- und Hydrotechnik GmbH Essen 1970

Deutsche Bundesregierung: Raumordnungsbericht 1972, Materialband zum Umweltprogramm (1971), Verkehrsbericht 1970

Dumazedier, I.: Problèmes actuels de la sociologie de loisir In: Revue internationale des sciences sociales (UNESCO), Jg.4, 1960

Eimern, J,: Kleiner Leitfaden der Wetterkunde, Stuttg. 1960

ETH - Arbeitsgruppe "Landschaft": Notizen Nr. 2. Institut für Orts-, Regional- und Landesplanung, Zürich 1968

Evers, H.: Social Costs. In: Handwörterbuch der Raumforschung und Raumordnung. a.a.O.

Gableske, R.: Straßenverkehrslärm und Landschaftsplanung. Werkblatt in: Garten und Landschaft, H. 11, 1971

Gleichmann, P.: Sozialwissenschaftliche Aspekte der Grünplanung in der Großstadt. Stuttgart 1963

Glikson, A.: Der Mensch und seine Beziehungen zur Umwelt. In: Das umstrittene Experiment, Modelle für eine neue Welt. München 1966

Göb, R.: Das staatliche Planungsermessen bei der Anlage von Flugplätzen. In: Structur, H. 1o, Köln 1972

Haber, W.: Grundsätze der Entwicklung und Gestaltung des gesamten Lebensraumes. In: Natur und Landschaft, Jg. 44, 1969

Hess, W.: Die hygienischen Anforderungen an Badewasser. In: Wasser und Luft in der Raumplanung. München 1966

Heytze, J.C.: Erholung am Wegrande. In: Informationsschrift zum 1. Kongreß für Freizeitgestaltung und Tourismus, Rotterdamm 1966

Hoffmann, R.: Verkehrsflughafen. In: Handwörterbuch der Raumforschung u. Raumordnung. a.a.O.

Hunzinger, T.: Stromversorgungsanlagen. In: Handwörterbuch für Landschaftspflege... a.a.O., Bd. 3

Isbary,G.,von der Heide,H.J., Müller, Gottfried: Gebiete mit gesunden Strkturen und Lebensbedingungen. Merkmale und Abgrenzungen. Abhandlungen Bd. 57, Hannover 1969

Isenberg, G.: Probleme der Landesplanung in den wirtschaftlichen Ballungsgebieten. Bonn 1957

Isenberg, G.: Ballungsgebiete in der BRD. In: Handwörterbuch d. Raumf. u. Raumordn. a.a.O.

Istel, W.: Bandstrukturen. In: Handwörterbuch d. Raumforschung u. Raumordnung. a.a.O.

Istel, W.: Entwicklungsachsen und Entwicklungsschwerpunkte - Ein Raumordnungsmodell. Dissertation am Lehrstuhl für Raumforschung, Raumordn. u. Landesplg. der TU München, 1971

Jansen, G.: Lärm und Lärmbekämpfung. In: Handwörterbuch der Raumf. u. Raumordn. a.a.O.

Jacob-Goldeck, M.: Einige sozialwissenschaftliche Beiträge zum Freizeitproblem und Möglichkeiten ihrer Auswertung für die Grünplanung. In: Landschaft und Stadt, Jg.2, H.3 u. 4, 1970

Jochimsen, R.: Theorie der Infrastruktur. Grundlagen der marktwirtschaftlichen Entwicklung. Tübingen 1966

Kiemstedt, H.: Zur Bewertung der Landschaft für die Erholung. Beiträge zur Landespflege, H. 1, Stuttgart1967

Kneller, F.: Fluglärm und Raumstruktur. In: Structur, H. 1o, 1972

Koelle, H.: Zur Problematik der Zielfindung und Zielanalyse. In: Analysen und Prognosen, H. 17, Berlin 1971

Krysmanski, R.: Die Nützlichkeit der Landschaft. Beiträge zur Raumplanung, Bd. 9, Münster 1971

Krysmanski, R.: Bodenbezogenes Verhalten in der Industriegesellschaft. Materialien und Ergebnisse empirischer Sozialforschung. Bd. 2, Münster 1967

Lehner, F.: Öffentlicher Personennahverkehr. In: Handwörterbuch d. Raumf. u. Raumordn. a.a.O.

Lendholt, W.: Über die Problematik städtebaulicher Richtwerte für Grün- und Freiflächen. In: Grünflächen in der Stadtregion, Deutsche Akademie für Städtebau und Landesplanung, Hannover 1964

Mackensen, R.: Industriegesellschaft. In: Handwörterbuch d. Raumf. u. Raumordn. a.a.O.

Medert, K.: Zur Rolle des Verkehrswesens im Bundesraumordnungsplan. IN: Structur, Jg. 1 H. 4, 1972

Ministerkonferenz für Raumordnung: Entschließungen.
a) Raumordnung und Umweltschutz (15.6.1972),
b) Zentralörtliche Verflechtungsbereiche mittlerer Stufe in der BRD (15.6.1972)
Beide in: Bundesraumordnungsbericht 1972, Anhang.
c) Fragen der Verdichtungsräume (21.11.1968)

Mitscherlich, A.: Die Unwirtlichkeit unserer Städte, 1965

Müller, Georg: Verdichtungsraum. In: Handwörterbuch der Raumf. u. Raumordn. a.a.O.

Müller, Gottfried: Ziele der Raumordnung und Landesplanung nach dem Gliederungsprinzip der funktionsgesellschaftlichen Siedlungsstruktur. In: Funktionsgerechte Verwaltung im Wandel der Industriegesellschaft, Schriftenreihe der Hochschule Speyer, Bd. 43, Berlin 1969

Müller, Gottfried: Raumordnungspolitische Folgerungen aus zukünftigen ökonomischen Entwicklungen. unveröfftl. Man. eines Vortrags vor dem Hauptausschuß der Ministerkonferenz für Raumordnung am 19. 4. 71, München

Müller, Gottfried: Raumordnung. In: Handwörterbuch der Raumf. u. Raumordn. a. a.O.

Müller, Gottfried: Die räumliche und wirtschaftliche Entwicklung entlang der Rheinschiene aus der Sicht der Landesplanung. In: Wirtschaftliche Mitteilungen der Niederrheinischen Industrie- u. Handelskammer, Jg. 22, H. 13, 1966

Olschowy, G.: Zur Belastung der Landschaft. In: Schriftenreihe für Landschaftspflege und Naturschutz, H.4, 1969

Olsen, KH.: Erholungswesen und Raumordnung. Forschungs- und Sitzungsberichte der Akademie für Raumforschung und Landesplanung. Bd. 25. Hannover 1963

Partzsch, D.: Funktionsgesellschaft als Epoche. In: Handwörterbuch d. Raumf. u. Raumordn. a.a.O.

Partzsch, D.: Daseinsgrundfunktionen. und: Kontraktion, Konzentration, Zentralisation. In: Handwörterb. d. Raumf. u. Raumordn. a.a.O.

Planungsverband Äußerer Wirtschaftsraum München: Isarauen, 1. Stufe: Teilprojekt einer Erholungsplanung westlich der Isar zwischen München-Freimann und Garching, 1972

Planungsverband Äußerer Wirtschaftsraum München: Regionalentwicklungsplan München, 1968

Prosenc, M.: Freizeit - Gesellschaft - Planung. In: Architektur Wettbewerbe, H. 56, Stuttgart 1968

Ruppert, K./Maier, J.: Naherholungsraum und Naherholungsverkehr - Geographische Aspekte eines speziellen Freizeitverhaltens. Studien zur Sozial- und Wirtschaftsgeographie, 1969

Ruppert, K./Maier, J.: Der Naherholungsraum einer Großstadtbevölkerung, dargestellt am Beispiel Münchens. In: Informationen, H. 2, München 1969

Schaechterle, K.: Verkehrsplanung. Vorlesungsmanuskript des Lehrstuhls für Verkehrsplanung und Stadtplanung, München 1969

Schemel, H.J.: Städtisches Wohnen und Naherholung - Überlagerung und Zielkonflikte. In: Raum und Siedlung, H. 9, 1971

Schemel, H.J.: Erholung und Fluglärm. In: Natur und Landschaft, 48. Jg., H. 5, 1973

Scheuch, E.K.: Soziologie der Freizeit. In: Handwörterbuch der empirischen Soziologie, Bd. 2, Stuttgart 1969

Scholz, H.: Erfahrungsziffern, Faustzahlen u. Kompositionsregeln im Bereich des Siedlungs- u. Verkehrswesens und deren Bedeutung für die Raumordnung. Informationsbriefe für Raumordnung. Stuttgart 1968

Schreiber, L.: Zur Problematik der Verkehrslärmkarten. In: Kampf dem Lärm, Jg. 17, H.4, München 1970

Schreiber, L.: Vorausberechnung der in der Umgebung einer geplanten Straße zu erwartenden Lärmimmission. In: Straße und Autobahn, Jg. 20, H.3, 1969

Schultze, H.J.: Landschaft. In: Handwörterbuch d. Raumf. u. Raumordn. a.a.O.

Seibert, P.: Die Auenvegetation an der Isar nördlich von München und ihre Beeinflussung durch den Menschen. In: Landschaftspflege und Vegetationskunde, H.3, München 1962

Turowsky, G.: Bewertung und Auswahl von Freizeitregionen. Dissertation an der TH Karlsruhe, 1972

Umlauf, J.: Leitgedanken zur Raumordnung. In: Raumordnung und Bauleitplanung im ländlichen Raum. Schriften des Instituts f. Städtebau u. Raumordnung, Stuttgart 1967

Wenzel, K.F.: Wirkungen von Immissionen auf den Menschen. In: Handbuch für Landespflege..., Bd. 3, a.a.O.

Weinheimer, J,: Ballungen. Versuch zur Bestimmung ihrer Grenzen und Intensität. In: Raumforschung und Raumordnung, Jg. 15, 1957

Westhoff, W.: Die Bedeutung naturnaher Elemente in der Kulturlandschaft. In: Handbuch für Landschaftspflege... a.a.O. Bd. 2

Zusammenstellung verschiedener Belastungswerte (Besucher/ha) [161]

| Tragfähigkeit für Erholungsgebiete nach Nutzungsarten | Dittrich, E., Isertberg, G., Lange, G. C., Wurzer, K., Holländische Richtwerte 1961 Besucher/ha | Pilon, J., Leewarden Holländische Untersuchung für das Erholungsgebiet Lauwersee Besucher/ha | Gloger, O., Planungsgrundlagen für den Bezirk Frankfurt/Oder 1967 Besucher/ha | Nick, Landschaftsplan f. d. Naherholungsgebiet Rheinauen zwischen Mannheim–Ludwigshafen und Speyer 1966 Besucher/ha | Agrar- und Hydrotechnik GmbH, Erholungsgebiet Mergelberg der Gemeinde Bönen/Westfalen 1969 Besucher/ha |
|---|---|---|---|---|---|
| Wald | 20 | 10 – 25 | | | 25 |
| Wandergebiete sehr intensiv genutzt | | | 10 – 20 | | |
| Wandergebiete intensiv genutzt | | | 7,5 – 10 | | |
| Wandergebiete mit mittlerer Nutzung | | | 5 – 7,5 | | |
| Wandergebiete mit extensiver Nutzung | | | 2 – 3 | | |
| Stadtwald | 50 | | | | |
| Waldrand 50 m tief | | 100 | | | 50 |
| Agrarische Landschaft | 5 | | | | |
| Liegewiese am Waldrand bis 50 m | | | | 230 | |
| Liege- und Spielwiese | 50 | | | | |
| Lagerplatz am Wasser | | | | | |
| Kinder- und Erwachsenenspiel | | | | 330 – 1 000 | 200 |
| Strandbad/Freibad | 1 000 | | 1 000 – 1 700 | 1 000 – 2 000 | 1 000 |
| Abflußlose Wasserflächen | | | 1 – 1,5 Bes./cbm | 13,5 cbm/Besucher | 12 |
| Gewässer für Wassersport | 18* | | | | |
| Segeln, Kanu | | 1 Boot | | | |
| Angeln | | 100 km | | | |
| Campingplatz für Zelt | | 80 – 100 | | | |
| Campingplatz für Wohnwagen | | 60 – 70 | | | |
| Campinghäuschen | | 30 Stück | | | |
| Bungalows | | 10 Stück | | | 30 – 40 |
| Ferienhaus | | | | | |
| Wochenendhaus | | | | 30 – 50 Stück | |
| Besondere Anziehungspunkte | 400 | | | über 20 | |
| Picknickplatz | | | | 150 qm/Auto | 60 |

\* 4 Segelboote, 1 Motorboot, 1 Kanu

[161] Diese Zusammenstellung verschiedener Belastungswerte in der vorhandenen Literatur ist dem Gutachten von *Czinki, L*, a. a. O., Tabelle 7 entnommen.

Tragfähigkeit der Erholungsräume sowie der Raumbedarf je Erholungsuchender im Sommer[162]

| Art der Nutzung | in der freien Landschaft | | | | in Konzentrationsbereichen | | | |
|---|---|---|---|---|---|---|---|---|
| | Tragfähigkeit Besucher/ha | Raumbedarf qm/Besucher | spezifischer Anteil % | qm | Tragfähigkeit Besucher/ha | Raumbedarf qm/Besucher | spezifischer Anteil % | qm |
| Erholungsräume mit landwirtschaftlicher Hauptnutzung | 2 | 5 000 | 10 | 500 | | | | |
| Erholungsräume mit forstwirtschaftlicher Hauptnutzung (Waldinnere) | 5 | 2 000 | 15 | 300 | 15 | 666 | 5 | 33 |
| Erholungsräume mit forstwirtschaftlicher Hauptnutzung (Waldrand) | 10 | 1 000 | 30 | 300 | 40 | 250 | 10 | 25 |
| Spiel- und Liegewiesen | 50 | 200 | 10 | 20 | 100 | 100 | 20 | 20 |
| Campingplatz, 2,5 Pers./Einheit | 100 | 100 | 5 | 5 | 100 | 100 | 5 | 5 |
| Wochenendhausgebiet, 2,5 Pers./Einheit | 50 | 200 | 5 | 10 | 50 | 200 | 5 | 10 |
| Spiel, Sport, Unterhaltung | 250 | 40 | 5 | 2 | 250 | 40 | 15 | 6 |
| Freibad | 1 000 | 10 | – | – | 1 000 | 10 | 25 | 5 |
| Restaurant einschl. Parkplatz | 500 | 20 | 20 | 4 | 500 | 20 | 15 | 3 |
| Insgesamt | 20 | | 100 | 1 141 | 106 | | 100 | 107 |
| | Erholungsflächenbedarf pro Erholungssuchender abgerundet: 1 000 | | | | Erholungsflächenbedarf pro Erholungssuchender abgerundet: 100 | | | |

162 aus: *Czinki*, L., Voraussichtlicher Bedarf an Erholungsflächen und ihre Standorte in NRW, a. a. O., Tabelle 24.

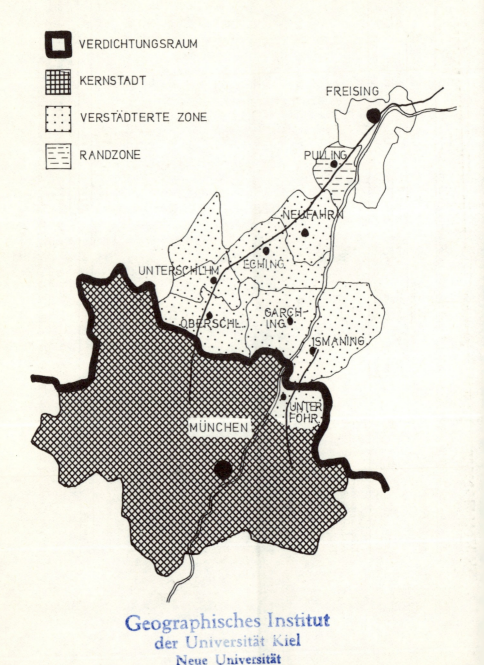